# 日本の空はこう変わる

## 加速する航空イノベーション

杉浦一機
Sugiura Kazuki



交通新聞社新書 067

# はじめに

2012（平成24）年、日本に本格的な格安航空会社（LCC＝ロー・コスト・キャリア）が誕生したときには、驚きのキャンペーン運賃が打ち出された。販売数は限定ながらも、ピーチ・アビエーションは関空〜札幌・福岡間を250円、エアアジア・ジャパンは成田〜札幌・福岡間を5円、ジェットスター・ジャパンは全路線を1円で販売。ピーチは「ワンコイン（500円）で往復できる」、エアアジアJは「5円で、ご縁《えん》がありますように」、ジェットスターJは「最低金額」と、それぞれ意味が込められている。

「この値段でどうやって採算をとるんだ、何かをごまかしているに違いない」といぶかる意見もあったが、採算に合わないことは承知の上だったし、このような「破格運賃」は全席を対象にしたものではなく、せいぜい1割程度に過ぎなかった。要するに、「インパクトのある驚異の価格」を打ち出すことで社会に驚きを与え、「格安キャリア」のイメージを植え付ける宣伝効果を狙ったのだ。「公正・公平」をモットーとするこれまでの公共交通機関とはまったく異なる航空会社の出現である。

だが近年は、航空業界に驚くようなことが頻発している。ＪＡＬが経営破綻し、フジドリームエアラインズなど新規航空会社が多数誕生。地方空港から日系企業が撤退する一方、海外の航空会社が積極的に乗り入れてくる。これらの状況はすべて「航空自由化」に起因するものだ。

航空自由化とは、民間航空輸送をコントロールしている多数の規制を、緩和または撤廃して、航空交通の自由度を高めるものだ。日本では、国内線が2000年、国際線が2007年から始まったが、構成要素の柱は、①新規参入の自由化、②需給調整の撤廃、③運賃の自由化である。

**①新規参入の自由化**＝航空輸送事業への参入を自由化するもので、1998年に就航したスカイマークとエア・ドゥ（旧北海道国際航空）は、35年ぶりの新規参入だった。以降、スカイネットアジア航空（SNA。ブランド名はソラシド エア）、スターフライヤーなどが続く。

**②需給調整の撤廃**＝国による調整（認可）をなくすことで、供給側が市場戦略で自由に供給をコントロールできる。

**③運賃の自由化**＝国による認可なしに、航空会社の裁量で自由に運賃を決定できる。ただし、すべてが自由になるのではなく、独占禁止法に抵触する不当競争や高いシェアを占める企業の独占的地位を利用する行動は禁じられている。また、国際線は、引き続き2（多）国間協定の枠組みの下に置かれることとなる。

規制緩和によって競争は促進され、利便性の向上と運賃の低下に伴い旅客利用が増加する一方、自由競争に耐えられるだけの経営力を持たない企業は淘汰される。規制下では認可権を持つ行政当局の政策を注視していれば良かったのが、自由化後の市場では利用者の動向で経営が左右されるのだ。同時に、企業は採算を重視して経営資源の効率的運用を行うため、需要の少ない路線では、便数の削減や運賃の上昇といった弊害も起こりうる。

利用者にとっての航空自由化のメリットは、規制時代には供給者の論理で維持されていた市場が、利用者本位の論理に転換することだ。

本書は、航空自由化が引き起こす日本の空の変革ぶりを、全景（業界全体）、各景（個別の課題）に分けて分析し、将来の潮流を探ろうとの意図で書いている。果たして日本の、あるいは世界の航空業界はどうなるのか、読者の皆様に未来像が見えてくれれば幸いである。

なお、本書では、従来型のビジネスモデルに基づいて経営している航空会社を「フル・サービス・キャリア（ＦＳＣ）」、格安航空会社を「ロー・コスト・キャリア（ＬＣＣ）」、１９９０年代後半から参入した割安運賃の新規航空会社を「バジェット航空」と呼ぶことにする。

２０１４年５月　筆者

# 日本の空はこう変わる――目次

## 第4章　常識を変える旅客機の登場……190

## 第5章　民営化で変わる空港の景色……226

# 序章　なぜ5円の航空運賃が誕生したのか

## 【全景】変革をもたらすのは「航空自由化」

### 欧米で先行した自由化

第二次世界大戦後に、世界の空を「航空自由化（オープンスカイ）」にしようと最初に唱えたのは米国だ。自国が戦場になることを免れた米国は、終戦時に保有していた豊富な航空輸送力を活用し、世界の空を征服しようと目論《もくろ》んだのである。

欧州やアジアの国々はそんな米国の独走を許すわけにはいかないものの、戦後復旧に汲々《きゅうきゅう》としていて航空力の整備に手が回らない。そこで米国を抑え込むためにとった策が、２国間の航空協定による規制と、英国が先頭になって枠組みを作ったＩＡＴＡ（国際航空運送協会）中心の運営体制だった。

これに対して米国は激しく抵抗。「IATAは国際カルテルだ」と牽《けん》制したが、ほとんどの国が米国による席巻を恐れてIATA体制支持に回ったため、米国は取りつく島もなく、傍観するにとどまっていた。

一方、防衛力の整備を進める主要国では、いざというときに活用できる輸送力を民間航空に求める動きがあった。平時は「フラッグキャリア」として、国威発揚と外貨獲得に貢献させながら輸送力を蓄えておけば、有事の際には兵員・物資の予備の輸送力にもなり、一石二鳥だったからだ。そのため、航空業界を規制によって保護し、フラッグキャリアには補助金を与えて企業の体力を養わせていた。

だが、東西冷戦構造が終結して有事の可能性が遠のく一方、消費者意識の高まりで、民間航空を取り巻く環境が変化した。保護政策で国に頼り切った航空会社の高コスト体質化によって、利用者の便益が損なわれていることが顕在化してきたのである。

米国は1978（昭和53）年、一気に航空自由化に踏み切り、安全規制だけを残して経済規制を全面的に撤廃した。続くEU（当時はEC）は1980年代に、3段階に分けて規制を緩和し、「1つの空」を実現した。

自由競争になった各国で起きた現象は、まず新規社の参入、増便や新規路線の開設によるネットワークの拡大、そして運賃競争だった。事業を拡大するために最も有効なのは運賃競争に勝つことだが、相対的にコストが高く生産性の低い企業は、競争力で劣り、破綻するか、他社に呑み込まれるしかなかった。

なかでも、社歴の長い名門企業が苦戦を強いられた。長年の温室的環境で高い給与や年金、恵まれた労働条件や付帯待遇など、レガシー（遺産）が積み重なっているために「レガシーキャリア」と呼ばれているが、そのレガシーが高コストの要因となったのだ。

コスト競争力の乏しい既存社が衰退するなかで受け皿になったのが、ビジネスモデルを確立した新規航空会社（特にＬＣＣ）である。それに対し、柔軟性のある企業はコストを削減し、生産性を高めて、反撃に出た。

競争が最も激しかった米国を例にとると、自由化以降の10年間で、新規参入社は約２３０社にのぼる。これらはほとんどが成功しなかったのだが、既存社でも消滅または、吸収されたキャリアは多い。

さらに、米国は世界の空で自由化が進んできたことを背景に、１９９０（平成２）年頃から国際航空での「オープンスカイ」を実現しようと積極的に動き出した。まずは、オープンスカイの受け入れに応じた国に権益を多く与えるなどの優遇策を講じて賛同国を増やし、ドミノ理論で主要地域を押さえていった。オープンスカイの概念は今や全世界に広がり、国際民間航空機関（ICAO）によれば、2012年段階で世界145カ国（世界の73%）が導入している。

## 遅れた日本の自由化

世界の潮流は完全にオープンスカイに向いたのだが、日本では航空の規制緩和が遅れた。先進国のなかで最も遅れたと言っても良い。

1980年代には欧米の動向は伝えられたものの、運輸省（当時）や業界の反応は鈍かった。JAL、ANAが業界を左右していた（3番手に日本エアシステム＝JASが存在）が、両社は規制下の方が楽だったし、運輸省は政策を進めるには少数企業の方がコントロールが利き、都合が良かったからだ。

当時の運輸省は、「航空自由化には弊害が多く、日本にはふさわしくない」との見解で、自由化には反対だった。その根拠として、①自由化すると儲からない地方路線からキャリアが撤退し、ローカル線が不便になる、②自由競争の結果、企業の淘汰が進み、運賃は上昇する、③競争の激化で、安全性が低下する、の3点をあげていた。

確かに、①と②は一次的に起きる現象ではあるが、米国での動向を検証すると、次の段階で市場の競争原理が機能していた。高需要路線では激しい運賃競争の結果、多くのキャリアが撤退し、少数キャリアのシェアが高まって運賃が一時的に上昇。しかし、それによって参入余地が増し、新規キャリアが参入して新たな競合環境が生まれた。同時に勝ち残った少数キャリアも、運賃を大幅に引き上げると新規キャリアの参入余地を増やしてしまうことから、運賃額を抑制したため、結果として利用者の利便性は守られた。重要なのは、中途半端に規制をかけることではなく、新規参入しやすい環境を維持することだった。

③はまったくの推論だった。いかにも説得力がありそうな反論だが、筆者が実績を検証（『日本の空は誰のものか』中央書院刊）してみると、自由化以降、米国での事故率は明らかに低下していた。規制緩和したから安全性が向上したわけではないが、この間の航空技術の進化によって、自由化後にも輸送量当たりの安全性は、むしろ高まっていた。

ところが、意外な出来事が発端となり、日本にも自由化の機会が訪れた。１９９０年代前半に自民党政権が始めた行政改革で、世の中は「行革ブーム」になった。「行革は善」で、反対するものは「悪」と扱われ、後ろ向きの集団は「抵抗勢力」と非難された。

メディアはこぞって「抵抗勢力」探しを行い、運輸省が許認可権数を各省庁のなかで断トツの

1966件も保有していることでやり玉にあげた。これに対し、汚名返上策として運輸省が打ち出したのが、国内航空への新規参入などを認める規制緩和だ。しかし、これは社会的な「ウケ」を狙ったもので、「航空の規制緩和」についての哲学も戦略もなかったようだ。

欧米では、新規参入社の意義を重視し、航空自由化を積極的に進めたため、新規参入社は活動しやすかった。しかし、日本はむしろ消極的で、スカイマークとエア・ドゥが、参入後の1998（平成10）年に、空港施設の開放など「参入障壁の排除」を求めたにもかかわらず、運輸省は耳を貸さなかった。大手3社による横綱相撲が行われている土俵にハンディを背負った新米力士を呼び込んでも勝負にならないことは明白だったが、一時的でも新規参入の「アリバイ」さえ作れば規制緩和の責務を果たしたことになる。運輸省は、新規参入社が退場し、再び自らの権限を発揮できる大手中心の航空行政に戻ることを望んでいたものと思われる。

2000年に国内は形だけ自由化（新規参入の自由化・需給調整の撤廃・運賃の自由化）され、運輸省が国土交通省に衣替えしても、大手中心の航空政策は変わらなかった。したがって、新規参入社の経営は行き詰った。

公正取引委員会からの再三再四の指摘を受けて、ようやく国交省は航空政策を転換。新航空政策では、「新規参入は自由化時代の重要な担い手として重視」と位置付けられたのである。

国際航空の自由化は、２００７年に安倍晋三政権が掲げた「アジア・ゲートウェイ構想」で始まった。政権は、日本がアジアのゲートウェイの地位を確保するために航空自由化の方向性を打ち出したのだが、目先の国益に固執して消極姿勢に終始した国交省は、官邸サイドからも「抵抗勢力」と批判された。その結果、国交省はようやく自由化に前向きになり、２００７年から「アジア・オープンスカイ政策」を推進している。

だが問題は、米国の政策とは言葉こそ似かよっているものの、自由化のレベルが異なっていることだ。米国では、民間航空に関する規制を「安全規制」と「経済規制」に分け、「安全規制」は連邦航空局に権限として残しつつ、「経済規制」は完全に撤廃した。

一方、日本の自由化は「規制緩和」にとどまっている。「安全規制」と「経済規制」の線引きをせずに曖昧にしたままで、規制を少しずつ緩めるものの、国交省は事あるごとにむしろ介入を強めている。２００８年の空港法の改正においても、全体の方向性では「自由度を高める」と謳いながら、実際の管理面では国交省の権限が強化され、むしろより細部への睨《にら》みを利かせている。２０１２年（国内線２次）、２０１３年（国際線２次）の羽田空港発着枠の配分においても、原則ルールは存在しないまま、国交省の裁量ですべてが決められたのだ。

日本では、航空自由化によってさまざまな問題点が浮かび上がり、右往左往しているが、一足早く自由化を体験し、乗り越えた欧米での実例に学べば、これから日本で起こり得る可能性を予測し、解決策を見出すことができる。

大手の衰退、新陳代謝、新規ＬＣＣの登場も欧米で起きた事象同様だったが、これから日本が取り組むべき課題は、「自由化によって生まれた光と影をどのように薄めるか」「空港の民営化をどのように実現するのか」（第５章で記述）である。

自由化によって、「光」が強くなるのは需要の多い幹線で、参入社が増えれば便数も拡大する。増便で便利になることに加えて、競争が激しくなればサービスが向上し、運賃は下がるなど、良いことずくめである。一方、「影」になるのは需要の少ないローカル線だ。航空会社は機材などの資源を儲かる路線に振り向けるために便数が減り、運賃は高くなる。下手をすると、路線そのものを打ち切るケースもある。

国による規制時代には、路線の認可を得ることが難しいため、航空会社は保有する路線を簡単に手放さなかった。もちろん、採算に合わない路線も多かったが、企業全体で黒字が出れば良いわけで、不採算路線は内部補助で維持されていた。しかし、財政が厳しくなると収益を重視するために、路線ごとの収支管理が行われ、黒字化が見込めない路線を手放したがるのだ。

北海道路線を例にとれば、「光」は羽田～新千歳線だ。便数が増えると運賃が下がるので、旭川、中標津《なかしべつ》といった空港からの需要を吸い取り、乗客はますます増える。一方、「影」になるのが需要の少ないローカル線で、帯広《おびひろ》や釧路《くしろ》から仙台への直行路線は廃止されてしまった。また、路線が減ると、運営が成り立たなくなる空港も生まれる。

さらに航空会社は、運航している複数路線のうち一部が黒字であっても、空港ごとの採算がとれない場合には、空港そのものから撤退することもある。ＪＡＬは再生作業のなかで、静岡、名古屋（小牧）、松本、神戸などから全面撤退。その結果、ピーク時の１９９７年度には１７６路線もあった国内の地方路線は、２０１２年度に約3分の2にまで減少した。

ところが、「光」と「影」を問題視した欧米では、救済策が設けられている。米国では、「エッセンシャル・エアー・サービス（ＥＡＳ）」という制度があり、「地方空港がハブ空港との路線を維持するために必要な1路線」に限って、国が赤字を補填する。

ちなみに、米国では、「定期便のある６５９空港のうち、75%が地域航空のみの運航。フライト数は全体の約53%（２００９年）で、大手キャリアの旅客の30%強を担っている」（屋井鉄雄《やいてつお》東京工業大学教授／２０１１年10月29日「運輸政策セミナー」）。

一方ＥＵには、地域社会に不可欠な路線を確保するために、国や地方自治体が援助する「公共サービス輸送義務＝ＰＳＯ（Public Service Obligation）」制度がある。ＰＳＯ路線の指定を受けるには、国や関係機関による適格性の審査に適合する必要があるが、対象路線に就航する航空会社がない場合は、公開入札が行われる。運航頻度、運賃を含めてサービス基準を満たし、最も低い補助金必要額を提示したキャリアに最大4年間の独占運航権と補助金が与えられる。

日本でも離島路線は、生活を維持するための「ライフライン」として位置付けられ、以前から国の支援が行われているが、本土内の都市間路線には適用されない。

## 課金制度の変更を

解決策として筆者らが提言しているのは、航空輸送にかかる課金制度の変更だ。現行の国内航空に課せられる税金類は、一部の空港における旅客利用料以外は、フライトに使用される機体に課金されている。

飛行に必要な税金類とは、空港の着陸料、空港の停留料、ターミナル使用料、航空機燃料税（車のガソリン税に相当）などだが、料金は機体の重量を基準に算出され、乗客の利用率は考慮されない。もちろん大型になると割安の計算になるため、運航者としては、大型機を使用して搭乗率を上げるほど、旅客1人当たりの課金の金額は割安になり、利益は拡大する。したがって、航空会社は、利益率の低い路線でコツコツと稼ぐよりは、需要の大きな市場を優先するようになる。

この課金の対象を、機体から旅客１人、貨物の単位当たりに変更しようというのが提言の趣旨だ。そうすれば、航空会社は少ない旅客でも納入額で不利益にはならず、ローカル線でもコツコツと努力する意欲が湧いてくるはずだ。

あるいは、かつてフランスで実施されていた「課金の再配分制度」も興味深い。国内航空を利用するすべての旅客から１フランを徴収し、赤字路線の運航者に再配分していたのである。「光」に該当する利用者は、安い運賃とさまざまな便益を受けているので、その一部を供出してもらい、不利益を被っている人々に還元しようという狙いだった（現在はＰＳＯ制度に統一）。

だが、国交省は着陸料の軽減によってローカル線を支援する方針を打ち出した。２０１３年度から、自らが管理する国管理空港において、最大離陸重量25トン以下の小型機の着陸料を約10％、25～１００トン以下を約４％引き下げたが、２０１４年度からは国内線の料金の約10％に、実際の乗客数を連動させている。着陸料金に乗客１人当たり１２０円の料金を航空会社から徴収するもので、搭乗客が少ない場合の軽減を図る一方、搭乗率が７割を超えたときには徴収額を頭打ちにして航空会社の意欲を高めるようにした。しかし、これらの措置は国管理空港に限られており、また、短期的対応にとどまる。

## 【各景】自由化を進める日本の課題

### 最後の課題は首都圏空港の全面開放

戦後の日米間では、長い間、日本は「不平等」に虐《しいた》げられてきた。基本の協定は米国の占領下で締結され、その後、日本が主権を回復し、急速な経済成長を遂げても、米国はなかなか権益の「実質的平等」を認めなかった。日本に対して航空の全面自由化を迫る一方で、日本から乗り入れるキャリアの数、都市、輸送力を絞り、以遠権は認めなかった。米国は表面上は「全面開放」の「オープンスカイ協定」を掲げながらも、2国間交渉になると、相手が「全面開放」に応じないことを理由に、自国の権益の開放に慎重な姿勢をとってきたのである。だが、1998年に合意された改定交渉によって、日米間の不平等はほぼ解消された。

外国と権益を交換する航空協定では、どの国も「自国の提供する権益を少なく」し、「相手国からなるべく多くの権益を引き出そう」とする。国際的には「等価交換」が原則なのだが、「等価」の基準が曖昧であるため、経済的規模の格差が大きな2国間では、そのバランスが難しくなる。

日本が「オープンスカイ協定」を締結した国はすでに27カ国（2014年4月現在）にのぼり、対象国は日本発着総旅客数の94％に達している。それによって、相手国との往来や運賃は自由化されたが、全面開放していないのが、「首都圏空港の発着枠」と日本から先の輸送権益を規制する「以遠権」だ。しかし、この問題は、「利用者の利便性」と「日本の国益」とのバランスが求められる。

たとえば、日本とアジアの小国Aとの交渉を想定してみよう。A国側は、「首都間の相互乗り入れが等価」と主張するだろう。しかし、日本は「都市間の経済格差が大きく、日本人旅行客が8割も占めるのだから、両国キャリアが同様に運航すれば、日系キャリアは自国民の輸送を賄《まかな》えない一方、A国キャリア側が実力以上の旅客・貨物を獲得することになる。したがって、日系キャリアはA国の首都に乗り入れても、A国キャリアの日本就航都市は地方空港にとどめてもらうことで、実質価値のバランスが均衡する」と主張することも可能だ。つまり、「名目的等価」をとるか、「実質的等価」をとるかで、見解が分かれる。

さらに、日系キャリアは相手国から先の「以遠」路線を開設する意思がないのに、相手国に「日本からの以遠権」を差し出すことは、不利益になる。日本は得るものがない一方で、日系キャリアの既得輸送を侵食されるからだ。

このように、各国と締結した「オープンスカイ協定」も、国ごとに細部は異なる。特に「首都圏空港の発着枠」は、日本が保有する貴重な材料なので、相手国の権益を見ながら放出することになる。

ただ、国交省は、２０１４（平成26）年春に、発着枠で年間25万回体制を整える成田空港を自由化の対象に含める一方、羽田の発着枠は２０１３年末の配分で使い切った（米国線の約10枠以外）ため、新たな枠を用意することはできない。

一方、前出の「アジア・ゲートウェイ構想」では、日本のゲートとなる空港を積極的に開放して就航機を増やし、世界からなるべく多くの人々を呼び込むことで、「アジアの活力を取り入れる」としており、「オープンスカイ協定」との整合性も問われている。

また、羽田の国際線の拡大は、外国人観光客の地方都市への訪問を増やしている。「内際ハブ」が地方都市訪問への時間的、心理的負担を軽減することに、相当貢献しているようだ。

首都圏空港の開放は、まさに国の方針を左右する重要案件なのだ。

## 近距離国際線は国内線同様になる

国内線から国際線に乗り継ぐためのハブ空港を「内際ハブ」、アジア路線から欧米路線など国際線同士を乗り継ぐためのハブ空港を「際際ハブ」と呼ぶ。たとえば、国内線の充実した羽田は「内際ハブ」、圧倒的に国際線の多い成田は「際際ハブ」だ。

国際化が遅れている日本は、成田、羽田、中部、関西といった拠点空港をゲートにして海外に出かける旅客の比率がまだ高い。国際旅客の61・2％が成田・羽田、19・3％が関西、8・2％が中部を利用している（2011年度）。これは、地方都市に就航している国際線が、まだまだ少ないことを表している。

これまで首都圏では、羽田は国内線が充実している反面国際線が少なく、成田は国内線のネットワークが貧弱で、両空港とも「内際ハブ」としての機能に満足に応えられていなかった。そのため西日本在住の海外渡航者は韓国の仁川《インチョン》空港の「際際ハブ」機能を使っていたが、2014年春ダイヤで羽田の国際線が大幅に増えたことで、仁川経由を羽田経由に切り替える旅客が増えている。

一方で、海外では社会経済の地域化が進み、近隣地域の国境の壁が低くなっている。北米ではNAFTA（北アメリカ自由貿易協定）、欧州ではEU（欧州連合）、アジアではASEAN（東南アジア諸国連合）などだ。

特にEUでは国々が1つの概念で運営されており、航空も「1つの空」に統合されている。したがって、EU域内では出入国審査が不要になり、どこの国の航空会社がどの都市間を飛んでも良いことになった。また、ハブ空港を経由しない直行便の比率が拡大している。

2014年3月に一部が供用開始された羽田空港国際線旅客ターミナルの拡張部

ＡＳＥＡＮでも、航空における域内自由化が進んでおり、２０１３年には加盟国の首都間路線が自由化され、２０１５年には全域で自由化される予定だ。

日本は２０１４年4月現在、アジアにおいて韓国、台湾、香港、マカオ、フィリピン、タイ、ベトナム、ミャンマー、マレーシア、シンガポール、インドネシア、ブルネイ、スリランカと自由化協定を締結している。これらの国や地域との航空輸送は自由になったので、就航キャリアの数、都市、便数ともに急速に増えた。特に、国ごとの総発着枠に限度がなくなったので、キャリアは地方都市にも目を向けるようになった。韓国、台湾キャリアについては日本の約20もの都市に乗り入れているため、韓国や台湾に出かける際に、地方都市から東京、大阪のハブ空港を経由する旅客は大幅に減った。

また、航空運賃の値下がりや、ＬＣＣの登場で、海外旅行への手軽感が生まれており、国内旅行と同じような感覚で海外に出かける旅行者も増えている。九州からは、東京に行くよりも韓国旅行の方が短時間で、安く行けるし、北海道に行くよりもグアムの方が安上がりだ。首都圏や関西圏からの旅行者にとっても、ＬＣＣの販促運賃を確保できれば、北海道や九州よりも少ない費用で韓国、台湾を旅できる。

一方、経済関係も国境を越えた結びつきがますます強まっている。円高等による工場の海外移転は急速に進み、中国や東南アジアは日本企業の製造拠点になった。家電業界では、開発部門は日本にあるものの、製造現場はアジアで、自動車業界では北九州、釜山、上海は同じ製造圏に、食品業界では中国やタイが日本の加工工場の拠点になっている。1つの商品を作るために、担当者はいくつもの国を回らなければならなくなってしまった。経済自体が国境を越えて結びついているのだ。

したがって、これからの国際線では、少なくともアジア一円が国内線と同様の扱いになり、日本の地方都市から相手国の地方都市に気軽に飛んで行けるようになることは間違いない。

## 悩ましい新幹線の延伸

国内航空にとって悩ましい問題は、新幹線の延伸だ。これまでにも、新幹線の延伸によって、航空が路線廃止に追い込まれた事例は多い。1964（昭和39）年の東海道新幹線の開業によって、羽田～名古屋線がなくなったのを皮切りに、上越新幹線の開業で羽田～新潟線が、東北新幹線の開業で羽田～仙台・花巻《はなまき》線も廃止に追い込まれた。さらに、毎日5便あった羽田～山形線は山形新幹線の開業で、2便（2014年春に政策枠で1便追加）を維持しているものの、存亡の危機にある。

さらに、2011年3月12日には九州新幹線博多～新八代《しんやつしろ》間が開業して博多～鹿児島中央間が全通した。これにより博多～鹿児島中央間はそれまでの2時間12分から1時間19分に、新大阪～鹿児島中央間は5時間2分から3時間45分に短縮された。しかし、航空の伊丹《いたみ》～熊本・鹿児島線への影響はやはりあるものの、福岡～鹿児島線の減少幅は1割程度と「想定以内に収まった」（大手航空関係者）。

ところが、LCCのピーチが2012年3月、関空を拠点に福岡、長崎線に就航し、4000円前後の運賃を設定したことで、大阪～九州間の旅客輸送の9割近いシェアを持っていた新幹線に揺さぶりをかけている。危機感を抱いたJRは、新幹線利用の大阪～福岡・長崎間の運賃・料金を5000～7000円割引くインターネット予約限定の企画きっぷを発売して対抗。2012年8月にはジェットスター・Jが関空～福岡線に参入して航空旅客はますます増加しており、2

０１３年度の全社輸送実績で、関空〜福岡線は前年比１７５・６％もの数字を記録している（伊丹〜福岡線は１０３・７％）。

また、２０１２年12月、ＡＮＡは岩国《いわくに》基地が軍民共用化されたのを契機に羽田路線を１日４便で開始し、新幹線需要にくさびを打ち込んだ。普通運賃は新幹線よりも高いが、早期購入すれば８０００円程度で利用できる上に、航空は東京での滞在時間を大幅に長くできるので利用は多く、運航しているＡＮＡにとってもドル箱路線になりそうだ。

一方、２０１４年度末には北陸新幹線が金沢まで延伸。ＪＲは内装をグレードアップした「和風テイスト」の新型車両を投入し、真っ向から航空に戦いを挑んでくる。これによって航空の羽田〜富山・小松・能登線に黄信号が点灯。新幹線の所要時間は東京から富山までが２時間強、金沢までが2時間30分程度となる見込みであることから、小松線と富山線は機材を小型化して、便数を死守する方針だ。便数が減れば不便になって乗客が減り、乗客が減れば便数を削減する負のスパイラルに陥る可能性があるからだ。

さらに、２０１５年度末には北海道新幹線新青森〜新函館（仮称）間が開業し、その後、札幌まで延伸する予定だ。函館は東京から4時間程度で行けるので、羽田〜函館線も影響を受けるだろう。ただし、新函館駅は函館駅からは列車で17分もあるので乗り継ぎの手間がかかる。航空は

北陸新幹線金沢延伸開業に向けて開発されたE7系

トータルの所要時間を問われることになるので、これまで以上に空港アクセスの時間短縮、便利さが求められることは間違いない。

新幹線の弱みは価格の硬直性にある。局地戦を戦うために、全線の運賃体系を崩すわけにはいかないからだ。一方、航空は路線を限定したり、シーズンや時間帯によって、キャンペーン運賃を投入できる。さらに、瀬戸際まで追い詰められればＬＣＣの就航という切り札もあり、十二分な競争力が発揮できるのだが、それには羽田への乗り入れが不可欠だ。

## 拡大する外国人観光客

外国人観光客の誘致を続けてきた日本にとって、２０１３年は画期的な年になった。訪日外国人観光客数が、目標にしていた年間１０００万人を初めてクリアできたからだ。観光ビザの発給要件緩和や円安が追い風となって、前年比24％増の1036万3900人と大きく伸び、過去最高だった2010年の861万1000人を大きく塗り替えることができた。

大変な努力を積み重ねた結果のような印象を受けるが、これでも世界における順位は決して高くはない。2012年の実積で見ると、日本は約836万人で33位。8000万人を超えるトップのフランスはおろか、15位で2000万人を超えるタイ、23位で1000万人を超える韓国にも及ばない。それでも、1000万人の外国人が日本で消費する金額は2・1兆円。これにより名目GDPは2・6兆円増で、GDP全体の0・6％になるという（みずほ総合研究所）。日本経済の活性化には、訪日外国人観光客の拡大は欠かせない。

来日人数で最も多いのは韓国の246万人（前年比20・2％増）、次いで台湾221万人（同50・8％増）、3位が中国131万人（同7・8％減）、4位が香港75万人（同54・8％増）だが、伸び率で見ると、①タイ74・0％増、②香港54・8％増、③ベトナム53・0％、④台湾50・8％増、⑤マレーシア35・6％増、⑥インドネシア34・8％増、⑦シンガポール33・1％増、⑧フィリピン27・4％増と、軒並み二桁の伸びだ（日本政府観光局データ）。

これらの伸びにLCCが貢献したのは間違いない。海外では、「日本は物価が高い」との印象が強いようだが、航空運賃が安くなるだけでも、日本旅行を選択肢に加える効果は大きいことだろう。

日系ＬＣＣはすでに韓国、台湾で大きな需要を引き出しているし、海外のＬＣＣは、自国民の訪日観光送客に高い貢献をしている。また、韓国・台湾ＬＣＣは日本の地方都市にも多く乗り入れているが、利用者にはリピーターが多いことから、観光客の拡大には欠かせない存在だ。

ちなみに、前述の訪日主要国間でＬＣＣが就航していないのは、タイ、ベトナム、インドネシアだが、タイとインドネシアはワンストップで乗り換えられることから、ここでもＬＣＣは重宝されているはずだ。

日本政府は、２０２０年に訪日観光客２０００万人の目標を掲げているが、ＬＣＣの就航便数は加速度的に増えており、アジアからの観光客は順調に拡大するものと見られる。

## パイロットの2030年問題

この数年、ＬＣＣの新規参入などが続いたにもかかわらず、パイロットが充足していたのは、景気の低迷による輸送量の低い伸びと、ＪＡＬの経営破綻の効果だった。ＪＡＬの輸送力が破綻前の3分の2に縮小されたことでパイロットが余り、新規需要も賄うことができていたからだ。

ところが、今や余剰感はなくなり、代わってクローズアップされてきたのが、大幅なパイロット不足が予想される「2030年問題」だ。国交省の見通しによれば、日本の航空会社のパイロットは、2030年頃に現在の5割増の8500人になるが、現在ANA、JALなど大手キャリアに在籍するパイロットの年齢構成が40歳代に偏っているために、この頃には大量退職期を迎えることになる。

そして2014年4月、ピーチが必要数の機長を確保できないことから、5～10月に予定していた増便約2000便の運航を取りやめることが明らかになり、状況の深刻さが浮き彫りになった。

最近は経済発展やLCCの拡大等によって、パイロット需要は世界的に高まっている。国際民間航空機関（ICAO）の試算によれば、2030年には10年比で2倍以上の規模になるが、なかでも航空需要の伸びの大きなアジア太平洋地域では4・5倍に膨らみ、約9000人の不足が見込まれるという。また、ボーイングの予測では、2031年には新たに46万人が必要になり、その内の約4割、18万2300人が中国、インドなどアジア太平洋地域の出身になるという（2012年公表）。

航空会社は現在、国内線で8時間、国際線で12～13時間に制限されている1日当たりの乗務時間の緩和を検討している。上限時間が緩和されれば、乗務体制が柔軟になり、乗務時間を増やすことができるからだ。

国交省も、ひっ迫する需要に対応するために、パイロットの乗務年齢の引き上げなどいくつかの対策をとってきたものの、抜本的なパイロットの養成人数の拡大が不可欠と考え、航空会社とともに本腰を入れ始めた。

現在、国内の航空会社によるパイロットの新規採用は毎年120人前後で、約4割が独立行政法人の航空大学校の出身者、残りは航空会社の自社養成や私立大学の専門学科の卒業生になっている。

国内の養成施設の定員は、航空大学校（帯広・仙台・宮崎空港）72名（2年で事業用操縦士の免許を取得）、ANA（座学：羽田、実機訓練：米国ベーカーズフィールド）約50名、JAL（座学：羽田、実機訓練：米国フェニックス、グアム）約70名（以上は2・5～4・5年で双発機の事業用資格を取得）。大学では、東海大学（座学：湘南《しょうなん》キャンパス、実機訓練：米国ノースダコタ）約50名、桜美林《おうびりん》大学（座学：相模原《さがみはら》市淵野辺《ふちのべ》キャンパス、実機訓練：ニュージーランド）約30名、法政大学（座学：小金井《こがねい》キャンパス、実機訓練：桶川飛行場及び神戸空港）約30名、崇城《そうじょう》大学（座学：熊本空港キャンパス、実機訓練：熊本空港）約20名、第一工業大学（座学：鹿児島キャンパス、実機訓練：鹿児島空港、米国ヒルズボロー）約60名などがある。近年、私立大学が専門学科を開設するケースが増えたが、4年間の学費は1300万～2600万円と、航空大学校の5

～10倍になるため、入学するのも簡単なことではない。

ＡＮＡは自社でパイロットを養成していたが、グループ会社でのニーズも増えたことから、２０１１年に専門の訓練会社パンダ・フライト・アカデミーを設立。また、２０１１年度以降採用を取りやめていたＪＡＬはパイロット研修生の採用を、２０１４年度から再開した。

両社は、養成費を抑えるために２０１５年から「ＭＰＬ（マルチクルー・パイロット・ライセンス＝准定期運送用操縦士）」の取得を目的とするカリキュラムを導入する。ＭＰＬとは２００６年に国際民間航空機関（ＩＣＡＯ）で承認されたライセンスで、このカリキュラムはドイツ、フランス、中国などですでに導入されている。

以前のカリキュラムは、座学を終了してから単発プロペラ機（エンジンを1基備えたプロペラ機）で事業用操縦士の免許を取得し、次に双発機（エンジンを2基備えている飛行機）で事業用操縦士の免許を取得、その後、大型機の事業用操縦士の免許を取得していたため、全体で3年ほどの時間が必要だった。しかし、新カリキュラムははじめから2人乗務機の副操縦士の養成に特化しているため、26～30カ月で免許が取得でき、以前に比べ6カ月以上の期間短縮と、飛行訓練コストの大幅削減が可能となる。

また、防衛省管轄事項で民間航空に喜ばれているのが、２０１４年春から復活することになった航空自衛隊のパイロットの「割愛制度」だ。
1960年代に、急速な路線拡張でパイロット不足に陥った国内の航空会社は、航空自衛隊に狙いを定めてパイロットの引き抜きを盛んに行った。航空自衛隊にしてみれば、手塩にかけて一人前に教育したパイロットを無差別に引き抜かれると影響が大きいため、航空会社が引き抜きを抑制する代わりに、自衛隊が航空会社に供給する「割愛制度」を1962（昭和37）年に設けた。多いときで年間約40人、最近でも10人程度を斡旋していたが、2009年に民主党政権が省庁による国家公務員の再就職の斡旋を禁止する方針を打ち出したことから、制度の運用を自粛していた。

しかし、自民党政権に変わって、同方針に縛られることがなくなった。しかも、近年の周辺国との緊張感の高まりによって、国は防衛費の見直しを進めているが、42％を占める人件費の抑制が重要課題になっている。そこで、最前線の任務から退いたパイロットの早期退職を進めるためにも、割愛制度を再開させ、中年パイロットの転職を進めることにした。自衛隊、航空会社ともに、「ウィンウィン」の関係になるのは喜ばしいことだ。

だが、この程度の供給量では十分ではなく、2030年までに十分な数の人材育成を図らなければ、すべての航空会社の運航計画に支障が出る。

また、まだ表面化していないが、整備員の人手不足も深刻になりつつある。ＬＣＣ各社の増機のピッチが速く、養成が間に合わないのだ。

パイロットや整備員は航空の基礎を支える重要部分であり、養成には早めに手を打ってもらいたいものだ。

# 第1章　道なお険しいレガシーキャリア

## 【全景】「サービス強化」と「連合」でサバイバル

### 「サービス強化」で差別化を図る

航空自由化によって、キャリア同士の運賃競争が激しくなった。そこで、新規参入社との競合から身を守るために、既存のフル・サービス（レガシー）・キャリアがとった戦略の1つが、サービスの強化だ。サービスを切り捨てるLCCとの差別化のためにも、長年の経験を活かした老舗《しにせ》としての優越性を発揮するためにも有効だからだ。

フル・サービス・キャリア（FSC）各社のサービス強化内容は、ハードとソフトに分けられる。ハードは座席周りと通信環境の整備、空港ラウンジなどの充実、ソフトは機内食やエンター

シンガポール航空（SQ）のA380

テインメント、マイレージサービスなどの充実だ。このような高品質のサービスは、ビジネス客の多い主要長距離路線で運用されることが多い。日本発着路線で言えばニューヨーク、ロンドン、パリ、フランクフルト線などであり、ＡＮＡはサービスブランド名を「インスピレーション・オブ・ジャパン」、ＪＡＬは高品質サービスの国際線仕様機を「スカイスイート」と名付けている。

ハード面では昨今、上級クラスが航空会社の重要な収益源になっていることから、ビジネスクラスの改善、プレミアムエコノミークラスの設置が主流になっている。

ビジネスクラスは、スペースを広げるだけでなく、「リクライニングシートが水平にまで倒せるか」「プライバシーが保てる個室になっているか」が問われるようになってきた。シートは１８０度まで倒せなければ競争力はなく、各社は競ってライフラット（フルフラット）化を進めた。また、ビジネスシートのライフラット化はスペースを大きく取ることから、運賃は高くなって利用者を限定してしまう。そこで各社は、エコノミークラスとの中間にあたるプレミアムエコノミークラスを誕生させた。シートは水平には倒れないものの、団体客から離れた広いスペースで、静かな旅を楽しむことができる。

その結果、ファーストクラスとの差は小さくなり、短中距離路線や欧米の中堅キャリアではファーストクラスを廃止しているが、「個別対応サービス」という形で存続させているキャリアもある。たとえば、シンガポール航空（ＳＱ）のファーストクラスのサービスは、車で空港に乗り付けると、ポーターが荷物を持って専用ラウンジに通してくれる。利用客がそこでチェックインと保安検査を済ませると、専用車で搭乗機まで運んでくれる、というものだ。

そして、空港ラウンジも、単なる「時間調整のための休息所」ではなくなった。シャワー設備なども備えた「準備基地」、そしてビジネス環境を整えた「ビジネス基地」としての機能も満たすようになった。

一方、ソフトの核となる機内サービスもますます充実し、便利で、快適、楽しいものになっている。食事面では、以前は高級食材や炊き立てのご飯を提供したり、陶器・金属製の食器を使用したりと「本物志向」を売りにした時期もあったが、昨今はブームの料理や人気シェフがプロデュースしたメニューといった「話題性」のほか、「満足感」も重視されている。食事時間を乗客の都合に合わせられるキャリアもあり、ＡＮＡの長距離路線では、２食目は好きな時間に好きな料理を注文できる。

ちなみに、ＡＮＡは２０１３（平成25）年と２０１４年、英国の航空産業のリサーチ・コンサルティング会社、スカイトラックス社の格付ランキング「エアライン・スター・ランキング」で、最高ランクの「５スター」を獲得した。同ランキングは、利用客が地上サービス（発券、チェックイン、セキュリティ、ラウンジ、搭乗ゲート、出発、乗り継ぎ、企業ブランドなど）から機内サービス（商品、シートの快適さ、食事、娯楽設備、客室乗務員の対応、運賃の価値など）まで８００以上の項目を「ユーザー目線」で評価したものを、同社の専門社員が実際に体験して、評価し、ランク付けする仕組みだ。そのほか、すでに「５スター」に認定されているキャリアは、ＳＱ、キャセイパシフィック航空、アシアナ航空、マレーシア航空、カタール航空、海南航空だ。

また、ＦＳＣ各社が最近力を入れているのは「通信環境の整備」で、飛行中の機内でＷｉ‐Ｆｉ電波を受信できる機材が増えているが、離着陸時にも受信モードの接続が認められるようになりつつある。

さらに、ＦＳＣは、予備機を持たないＬＣＣの弱点を逆手に取り、定時運航にも力を入れる。たとえばＪＡＬ、ＡＮＡグループは、「定時性」で世界のトップグループに位置付けられている。世界の航空会社の運航状況を分析している米国フライトスタッツ社の調査によれば、２０１２年の実績で、「ネットワーク・グローバル・エアラインズ」部門においてANAグループが定時到着率（予定時刻より15分未満に到着した比率）85・46％で世界1位、「メジャー・インターナショナル・エアラインズ」部門においてJAL（単体）が定時到着率90・35％で世界1位となった。

JALは2013（平成25）年も定時到着率88・94％で同部門1位、同89・75％で「メジャー・エアライン・ネットワーク」部門でも世界1位を占めた。また、ANAは欠航率0・22％で「ローエスト・グローバル・キャンセレーション」部門の世界1位にも輝いている。

ちなみに、「ネットワーク・グローバル・エアラインズ」部門とは、大陸間または3大陸以上を跨ぐ国際線を年間3万便以上運航するキャリアで、グループ企業や他社の運航によるコードシェア便も対象に含まれる。「メジャー・インターナショナル・エアラインズ」部門は、「ネットワーク・グローバル・エアラインズ」部門の自社運航便だけを対象にする。「メジャー・エアライン・ネットワーク」部門は、「ネットワーク・グローバル・エアラインズ」部門の上位25社のなかから、地域航空を15％以上含むキャリアを対象。「ローエスト・グローバル・キャンセレーション」部門は、「メジャー・インターナショナル・エアラインズ」部門のなかで、欠航率が低いキャリアを選定する。

以上、FSCのサービスについて紹介したが、これらのサービスの強化は費用がかかる上に相対的なものなので、副次的にはなりえても、利用者の決定的な選択要因にはなりにくいのが実情だ。

## 有力社はアライアンスに加盟

ＦＳＣのもう1つの戦略がアライアンス（連合）だ。連合企業で互いに補完し合ったり、マイレージで提携することで、利用者を囲い込もうという考えだ。

航空業界でアライアンスの動きが顕在化したのは１９９０年代。最初に計画されたのは、スイス航空（ＳＲ）、ＳＱ、米国デルタ航空によるものだった。ＳＲ、ＳＱは世界の中堅航空会社で、デルタは国際線のネットワークが限られていたことから、アライアンスによってグローバル・キャリアに対抗しようとした。

コンセプトには「他社のフライトに乗り継いでも、まるで同じ航空会社に乗っているかのようなスムーズなサービス」と「サービスの良さ」を掲げた。しかし、「均一のサービス」を目指すあまり、提携分野が機材の統一など広範囲に及んだことで調整が難航し、構想は実現までに至らなかった。

次に生まれたのが、ブリティッシュ・エアウェイズ（ＢＡ）が仕掛けた、強者同士による連合だ。ＢＡは、世界各地域で起きている競合はやがて世界全体での戦いになり、世界的ネットワークを保有する規模の大きいグローバル・キャリアだけが生き延びられると予測。小さいキャリアを自分の陣営に囲い込むのではなく、「勝ち組」同士がグローバル・アライアンスを組む構想を立て、直ちに米国の雄であるアメリカン航空と交渉に入った（後の「ワンワールド」）。

驚いたのは米国のもうひとつの雄であるユナイテッド航空だった。単独であればBAに負けない自信はあるが、相手が連合軍になれば話は違う。早速、欧州のビッグキャリアであるルフトハンザ・ドイツ航空と検討に入ったが、これにスカンジナビア航空、タイ国際航空、エアカナダも続き、話し合いはこちらの方が順調に進んだ。サービス内容は各社の独自性を尊重する一方、予約システムや安全基準などを共通化し、互いのサービスを利用し合う形で、「スターアライアンス」を発足させた。

スターアライアンスの発足が早かったのは、米国の基本航空政策である「オープンスカイ」との関連がある。米国は独占禁止法の運用が厳しく、かつ罰金は天文学的数字になるほど高いので、米国発着路線では米司法省の「独占禁止法の適用除外」の認定を受けなければ、共同での販売活動を行えない。ところが、米国は、オープンスカイを受け入れている国には「独占禁止法の適用除外」を積極的に認める姿勢をとった。

スターアライアンスでは、ドイツをはじめオリジナルメンバーの属する国が米国のオープンス

ブリティッシュ・エアウェイズ（BA）のB747

カイを受け入れていたことから、スムーズに「独占禁止法の適用除外」の認定を得ることができ、1997（平成9）年に5社で発足した。ちなみに日本企業では、ANAが1999年にスターアライアンス入りをした。

一方、ワンワールドが前に進めなかったのは、英国がオープンスカイに抵抗したためだ。ワンワールド自体は米運輸省から1999年に承認され、キャセイ、カンタス航空とともに発足したものの、「独占禁止法の適用除外」の認定が得られず、核となる米英間でのコードシェア運航ができなかった。

そして、3つ目のグローバル・アライアンスが、エールフランス、デルタを中核に、大韓航空、アエロメヒコ航空が集まって、2000年に立ち上げた「スカイチーム」だ。ちなみに、米仏間では1998年にオープンスカイ協定が調印されている。

各地の有力キャリアがほとんどいずれかのアライアンスを選択したのに対し、孤高を守ったのがSRとJALだった。SRは独自性を維持するために、サベナ・ベルギー航空などと一緒に地域アライアンスの「クオリフライヤー」を立ち上げたものの、2001年のアメリカ同時多発テロ事件によって起きた航空不況で、本体があっけなく倒産。現代の世界では地域アライアンスでは不十分で、地球的規模のアライアンスでなければ、存続できないことが証明されてしまったのである。

一方のJALは、地域の状況に合わせて個別提携で経営を守る戦略をとっていた。しかし、SRの倒産を目の当たりにして企業規模の拡大と経営基盤の強化の必要性を悟り、2002（平成14）年に日本エアシステム（JAS）との統合に踏み切ったものの、経営は好転せず、結局2007年にワンワールドに加盟した。

## 3大アライアンスに集約

もともとアライアンスは航空会社の都合によって始められたものだが、利用者にもメリットがあることから、制度として定着。グローバル・アライアンスは、ルフトハンザとユナイテッドを軸にした「スターアライアンス」、BAとアメリカンを核にした「ワンワールド」、エールフランスとデルタなどの「スカイチーム」の3つにまとまった。国際線に就航している世界の上位キャリアは、いずれかのアライアンスに加盟しており、3大アライアンスの世界シェアは6割にも達

表1　グローバル・アライアンスの比較

| | 加盟社数 | 就航都市数 | 売上高 | 輸送量シェア | 週間運航便数 |
|---|---|---|---|---|---|
| スターアライアンス | 26 | 1,269 | 202 | 26.2% | 157,000 |
| ワンワールド | 16 | 992 | 122 | 14.9% | 65,000 |
| スカイチーム | 20 | 1,064 | 145 | 20.1% | 105,000 |

※2012年実績。売上高単位は10億ドル。輸送量＝輸送人数×輸送距離。週間運航便数は2013年9月前半の定期便スケジュールによる。
出典：「AIRLINE BUSINESS」2013年9月号

している（**表1**）。世界的規模ながら未加盟のFSCは、エミレーツ航空など中東の一部のキャリアくらいのものである。

中国ではいったん、3大ビッグキャリアがそれぞれのアライアンスに散って丸く収まるように見えたのだが、ワンワールドに加盟していた中国東方航空がスカイチームの中国南方航空の傘下に入ったことでバランスが崩れ、それまで蚊帳の外に置かれていた台湾キャリアの争奪戦になった。最終的に、スターアライアンスが中国国際航空とエバー航空、ワンワールドがキャセイと中華航空、スカイチームが中国南方航空、ガルーダ・インドネシア航空を押さえた。

3大アライアンスは陣取り合戦を進め、ホワイトスポット（空白地域）を埋めているが、これからは中近東やインド、ロシア、ブラジル、アフリカが草刈り場になりそうだ。

## 急激に増えたコードシェア便

アライアンスが拡大した結果、近年の国際線では、コードシェア便がやたらに増えた。たとえば、成田～ニューヨーク線におけるＪＡＬの００６便はＡＡの８４０３便であり、ＡＮＡの10便はＵＡの９７３５便でもある。しかも、第三国のキャリアもコードシェアをしているケースも稀ではなく、１つの便に、便名が３つも４つも振られていることもある。

航空会社からすると、乗客の少ない路線をコードシェア便で代替することでコストを削減でき、自社が運航していない地域でネットワークを補完できる。また、自社便のある地域でも、便数が増えれば競合他社との戦いが有利になる。

コードシェア便とは便（コード）をシェアするフライトで、共同運航便（ジョイント・オペレーション）とは異なる。共同運航便は、両社から客室乗務員を出し合い、サービスの内容も持ち寄って、１つのフライトを運航する形態を指すのだが、便名（コード）を振るだけのコードシェア便を「共同運航便」と訳すメディアがあるために、分かりにくくなっている。

コードシェア便は、乗客にとっては、同じ航空会社のチケットで利用できる範囲が広がるので利便性が増す。上級クラスでは提携キャリアの地上ラウンジを利用できるのも魅力だ。しかし、チケットの購入と運航会社が異なることで、期待しているサービスを受けられなかったり、チェックインするターミナルを間違えて乗り遅れたりといった混乱も生じている。

ちなみに、それぞれのアライアンスは、アライアンス効果を発揮できる典型例として、各社のネットワークを乗り継げる割安の「世界一周運賃」を販売している。

## 提携から共同事業に深化

アライアンスメンバーは、コードシェアによるネットワークの拡大が頭打ちになってきたため、さらなる収益を求めて、提携を深化させる動きに出てきた。

アメリカでは、通常のアライアンスの活動は提携にとどまるが、「独占禁止法の適用除外」の特例が認められると、共同事業を行うことができる。日米間では2010（平成22）年に「オープンスカイ協定」が発効したことで、運賃やダイヤの調整などを含めた共同事業を行えるようになり、2011年4月からスターアライアンスのANA・ユナイテッドとワンワールドのJAL・アメリカンは、共同事業の実施に踏み切った。

以前は、運賃・ダイヤ・販売を一本化して運用することが禁じられていたために、同じ路線に提携社のフライトがあるにもかかわらず、出発時刻がほとんど変わらず選択の余地が少ないとか、接続に付加運賃が必要になるなど、利用客からの不満も多かった。

しかし、共同事業を行えば収入を一元化し運賃やダイヤを調整できるので、利用客はフライトの選択肢が広がる上に、往復で異なる航空会社を割引運賃で利用することもできる。ANAとJ

ALは共同事業の効果を太平洋線で確認できたことから対象範囲を欧州線にも広げ、ANAはルフトハンザ、オーストリア航空、ユナイテッド、スイス・インターナショナル・エアラインズと、JALはBA、アメリカン、フィンエアとの共同事業を始めた。

## 収益が上がらないビッグキャリア

アライアンスに加盟することで、多くのキャリアが息を吹き返した。最もアライアンスをうまく活用した1社がルフトハンザだった。ユナイテッドとともにスターアライアンスを立ち上げたが、ユナイテッドの経営が低迷。そこで、ルフトハンザが中心になってスターアライアンスを切り盛りし、世界のリーディング・キャリアになった。さらに、2007（平成19）年にスイス・インターナショナル、2008年にブリュッセル航空、2009年にオーストリア航空を傘下に収めて、欧州最大のレガシーキャリアの地位を手中に収めた。

同様に、エールフランスはKLMオランダ航空を吸収し、BAはイベリア・スペイン航空を買収してインターナショナル・エアラインズ・グループ（IAG）を設立。これにより、欧州の主要航空会社は3大キャリアに収れんされた。

一方、全米で活動が認められた「メジャー」は、アメリカン、ユナイテッド、デルタ、コンチネンタル航空、ノースウエスト航空、USエアウェイズ、アメリカウエスト航空の7社だったが、アメリカウエストがUSエアウェイズ（存続会社に指名）を、ユナイテッドがコンチネンタルを、デルタがノースウエストを吸収して4社となり、2013年にはさらにアメリカンがUSエアウェイズを統合したことで、3社体制になった。欧州、米国ともに、アライアンスの中核メンバー社が生き残ったことになる。

アライアンスによるシェアの拡張が一段落し、これが欧米における「最終形」に見えたのだが、攻勢が止まらないLCCの影響と燃料費の高騰で、ビッグキャリアの経営が再度揺らいできた。特に欧州では3社とも新たな危機に直面している。

エールフランスはKLMを吸収したものの業績が好転しないため、アリタリア航空の吸収を諦めて路線網を再編成するほか、LCC子会社のトランサヴィア航空を設立した。IAGグループのBAはイベリアの赤字が足かせになっているうえに、盟友のアメリカンの企業再生、カンタスの離反と苦しい状況に追い込まれている。

ルフトハンザは大掛かりな経営改革に乗り出した。1つがコスト削減と不採算路線の休止、黒字路線の拡大で、2014年度までに15億ユーロの収益増加を目指している。もう1つは「SCORE」計画と名付けたグループ路線の再編計画で、具体策として①自社運航路線の縮小、②事務系従業員3000名の削減を含む経費の圧縮、③路線の子会社LCCへの移管、の3つをあげている。本体運航の路線は長距離便とフランクフルト及びミュンヘン発着路線に限定し、残りの路線を子会社ジャーマンウイングス（地域航空のルフトハンザ・ダイレクトを吸収して2013年7月に再発足）に移管して、2015年度に営業利益23億ユーロを目指す。

また、アジア太平洋地域では、優良キャリアだったカンタス、SQ、キャセイのいずれもが業績不振に陥っている。

カンタスは2000年代末まで順調な経営を続けてきた。欧米への長距離便にはA380を導入するなどして上級クラスを充実させ、価格に敏感な利用者向けにはLCCのジェットスターを拡充することで、2面戦略が成功。しばらく「わが世の春」を謳歌していたが、「オープンスカイ」の進展で欧米路線の競合が激化。2012年6月決算で赤字に転落し、戦略の大幅な見直しを迫られている。

また、長らくカンタスとユナイテッドが独占していた豪州発着の米国線に、2000年代末にデルタとヴァージン・ブルー（現ヴァージン・オーストラリア）が就航したほか、欧州路線にカンガルールート（シドニー〜シンガポール・香港〜ロンドン線）に競合する形で、中東キャリアが参入したこともカンタスの苦戦の要因と言える。ドバイのエミレーツ航空がドバイ〜シドニー

～オークランド線に、アブダビのエティハド航空がアブダビ～シドニー線に、カタール航空がドーハ～シドニー線に乗り入れて、カンタスよりも多い便数を運航。中東以遠の欧州への接続輸送を拡大したことから、多数の乗客を奪われ、長距離便の採算が悪化した。

そこでカンタスは、人員を削減するとともに、会社を国内・国際の2社に分割して収益を改善する構想を発表（2012年7月実施）したが、労働争議が深刻化し、改革を実行できない。政府による調停で運航は正常化したものの、株価は急落し、他社による買収観測なども流れるようになった。そして2012年6月期決算で、1995年の完全民営化以来初めて、最終損益で2億4400万豪ドル（約200億円）の赤字となり、ジェットスターの利益の方が上回るようになった。カンタスが期待しているのは、2012年に実現したエミレーツとの提携による効果だ。昔から続けていたBAとの提携を解消してカンガルールートの経由地をシンガポールからドバイに変更。今後はエミレーツのネットワークを活用する。

経営改革で先行したSQは、4ブランド（シンガポール、スクート、シルクエアー、タイガー）によるグループ経営を行ってきた。本体は最新鋭の超大型機A380の魅力をフルに活用し、世界でも最高グレードのファーストクラス、ビジネスクラスを拡充して、上級客の獲得に努めている。現に、競争の激しいシンガポール～日本線でもビジネス客を中心に、導入後のシェアは6％

増加した。一方、コストの安いアジアキャリアとの競争力を高めるために、不定期航空のシルクエアーを定期航空に格上げし、積極活用する方針を打ち出した。SQから短距離路線の移管を行うとともに、24機の保有機を2・25倍となる75機に増強する。

LCC分野では、多国籍化を進めているエアアジアと対抗するために、子会社タイガー・エアウェイズが、他国LCCの買収や現地法人の設立を進めている。また、飛行時間5時間を超える中距離分野ではスクートを設立し、2012年6月からオーストラリア、中国線等に就航。同10月には台北経由で成田にも乗り入れた。中距離路線用のLCCはまだ少なく、収益性の上がるビジネスモデルを確立できれば、実効性を高められる。

SQの戦略は万全に見えたのだが、実績が伴わなかった。2012年1〜3月期は赤字に転落し、2012年3月期の年間営業利益では前年比0・6%増の1億8700万シンガポールドル(S$。約153億円)にとどまった。2014年3月期は輸送量が前期比で1・4%増加したものの、営業利益は2億5600万S$にすぎない(いずれも単体の業績)。

一方、2012年から事業の再建を積極的に進めたキャセイは2013年に復調し、年度(12月決算)では、純利益が前年(8億6200万香港ドル)比203・9%増の26億2000万香港ドルを生み出した。売上高は前年比1・1%増の1004億8400万香港ドルだが、燃費効率の悪いB747の退役前倒しなどのコスト削減が功を奏したほか、不採算路線の削減で搭乗率を前年比2・1ポイント増の82・2％、旅客の平均単価を同1・8％引き上げることができたからだ。

## アライアンスから資本買収へ

アライアンスに入らない独立系キャリアの経営も厳しい。孤高の独自路線を続けていた英国のヴァージン・アトランティック航空も、ついにデルタの傘下に入ってしまった。1999（平成11）年に、株式の49％を6億ポンド（当時の為替レートで約800億円）でSQに売却したものの、経営の独自性は保たれていた。しかし、2013年6月にデルタがヴァージンの株式49％をSQから購入したことで独自路線は一転、北大西洋線でデルタと共同運航を行うだけでなく、スカイチームにまで加入する意向だという。もはや、独立路線を歩もうとするメガキャリアは存続できない環境になったのであろうか。

一方で、アライアンス非加盟ながら近年急成長を遂げている中東のエティハド航空のジェームス・ホーガンCEOは2013年4月にワシントンで行った講演で、「アライアンスは、もはや役に立たなくなっている」と述べ、航空業界に衝撃を与えた。世界の有数キャリアは大方が3大アライアンスに加盟済みだが、シェア争いの効力が薄れてきただけでなく、最大の競合相手であるLCCに対して有効な手立てがないからだという。

事実、エティハドは世界の有力キャリアの資本買収を進めている。エア・ベルリン（29％）、セーシェル航空（40％）、アイルランドのエアリンガス（約3％）、ヴァージン・オーストラリア（19・9％）、インドのジェットエアウェイズ（24％）などだが、今は欧州の名門アリタリアの買収に乗り出している。また、近いところでは、大韓も、2013年4月にチェコ航空の約44％の株式（約46万株）を買い占めて第2位の株主になった。

## 世界と戦えるのか日系キャリア

ANA、JALは2012（平成24）年及び2013年3月期に過去最高の収益を上げた。特に再生に成功したJALの営業利益率は、2012年に17・0％、2013年に15・8％と世界でもトップレベルの高さであり、ANAも同6・9％、同7・0％と優良だった。

世界中のFSCが厳しい決算を余儀なくされているなかで、日系キャリアが揃って好業績を謳歌しているのは違和感さえ覚える。日本の空は、海外の空とつながっていない「ガラパゴス」状態にあるのだろうか。

ＪＡＬの好調な経営は、破綻効果で負債を一気に減らして身軽な財務体質に転換できたこと、本格的なリストラによって不採算部門の整理が予想以上に進んだこと、投資を徹底的に抑えたこと、さらに欧米では吹き荒れているＬＣＣ旋風がまだ本格化していないことなど、恵まれた環境にあることが理由としてあげられる。

だが問題なのは、近年、日系キャリアは収益を優先するあまり、輸送量が伸びず、企業規模が小さなままであることだ（表2）。

表2　世界の主要航空会社の旅客輸送実績ベスト20　（2013年）

| 順位 | キャリア | 有償旅客キロ(百万人キロ) | 前年比(%) |
|---|---|---|---|
| 1 | デルタ | 313,708 | 1.4 |
| 2 | アメリカン | 313,597 | 3.2 |
| 3 | ユナイテッド | 287,331 | △0.5 |
| 4 | AF−KLM | 228,824 | 2.2 |
| 5 | エミレーツ※ | 215,280 | 14.1 |
| 6 | サウスウエスト | 175,781 | 6.0 |
| 7 | ルフトハンザ | 153,389 | 2.4 |
| 8 | 中国南方 | 148,412 | 9.5 |
| 9 | 中国国際 | 139,157 | 41.4 |
| 10 | BA | 130,980 | 4.0 |
| 11 | 中国東方 | 120,403 | 10.8 |
| 12 | LATAM | 106,469 | 2.7 |
| 13 | キャセイ | 104,570 | 0.7 |
| 14 | シンガポール | 95,470 | 2.7 |
| 15 | トルコ | 92,004 | 22.9 |
| 16 | エアカナダ | 91,377 | 2.1 |
| 17 | カンタス | 72,241 | △3.4 |
| 18 | 大韓 | 68,361 | △0.7 |
| 19 | ＡＮＡ | 67,332 | 4.4 |
| 20 | タイ国際 | 63,478 | 4.6 |
| 25 | ＪＡＬ | 48,870 | 2.1 |

※エミレーツは2014年3月期の有償座席キロと利用率から筆者推計
出典：「AIRLINE BUSINESS」2014年3月号

ＪＡＬは１９８３〜１９８４年に国際線の旅客輸送量（旅客数×輸送距離）で世界１位を占めていたが、１９８５年に起きた日本航空１２３便墜落事故を契機に凋落が始まり、今や25位に過ぎない。ＡＮＡは１９

85年末に国際線への進出が認められ、急速にネットワークを広げているが、まだ19位だ。現在世界1位のデルタと比較すると、ANAは5分の1、JALは6・5分の1に過ぎない。

世界のビッグキャリアが、リストラ（合理化）だけでなく、経営統合を進めて企業の経営規模をますます拡大していくなか、ANA、JALはこのままで世界と戦っていけるのだろうか。アライアンスに属していれば経営が順調だった時代は、地域における代表キャリアの地位を保っていれば安泰だったが、アライアンスに加盟しても盤石な経営ができないのであれば、独自のサービスを打ち出すか、統合によって事業を世界規模に引き上げる必要がある。

さらに、日本全体の輸送規模が、世界のなかで急速に沈下しているのも問題だ。1999年に世界で2位だった日本の旅客輸送量は、2003年に3位、2004年に5位、2009年には7位まで落ち込み、回復の兆しが見えないのだ。他国がオープンスカイへ移行し、LCCの参入などで活力が甦ってきたのに対して、日本はJALの救済が優先される一方、LCCの参入に消極的だったために、航空の便益性が下がり、輸送実績が縮小している。

## つぶし合いが目立つ日系2社

1970年代には、JALは「日本最大のエアライン」、ANAは「日本の国内線で最大のエアライン」とPRしていたように、2社には棲み分けがあった。JALは国際線の距離を含めた旅客輸送量で勝り、ANAは国内線で牙城を築き、旅客数で凌いでいた。JALは優雅なイメージと細やかなサービス、ANAは堅実なイメージと合理的サービスで信頼を得ていた。

しかし、力をつけたANAは国際線進出を切望し、JALは為替の変動で業績が乱高下する国際線ビジネスに危惧を抱き、国内部門の拡大を望んだ。1985（昭和60）年にANAの国際線進出と、JALのローカル線進出が認められたが、両社の競争は、互いに「相手の得意分野に攻め込む」ため、刺し違える形で進み、ライバル関係は感情面にも及んでいった。

そして、2002年にJALが日本エアシステムを吸収合併すると、敵対意識は頂点に達した。2社の統合で、国内線のシェアでANAを上回り、ANAは倒産の危険性さえ意識した。牙城の国内線で収益を上げ、国際線に投資を広げていく図式が崩れたからだ。

両社の戦いは同じ土俵で展開されることが多く、同じ顧客を巡る日系社同士の戦いになって、事実上のつぶし合いの様相を呈しているのが残念だ。日系社の国際旅客の獲得率は1981年にはJAL1社で39％だったが、2011年は2社になっているにもかかわらず24・5％に低下している。原因は、外国人旅客（約2割）がなかなか伸びないことと、日系社の国際路線に重複が多く、また地方空港から国際線を引き揚げているために、ネットワークが広がらないためだ。

国際キャリアが2社体制の英国では、「老舗、フォーマル」のＢＡ（外国人比率8割）と、「革新、カジュアル」のヴァージンの戦いで、客層はほとんど重ならない。韓国では、2社目のアシアナ航空が誕生したときには、大韓と泥試合を演じたことから、国は国際線の新規路線の認可を地区で分けるテリトリー制を敷いた（現在は撤廃）。

だが、日系2社は、本拠地が同じ、主要顧客が同じ日本人ビジネス客、売りも同じ日本テイストの機内食・サービスで戦っており、ほとんどのエネルギーが外よりも、内に向けて使われているのが残念だ。

## 【各景①】「高収益」の看板を背負わされたＪＡＬ

### 驚異のＶ字回復

国が乗り出して再生作業を行った結果、ＪＡＬは不死鳥のように甦った。２００８（平成20）年度に最終利益で６３１億円の赤字を出して破綻した企業が、４年後の２０１２年度には１７１6億円もの黒字を稼ぎ出し、世界でもトップレベルの収益を上げるキャリアに躍り出たのだ。世界の航空業界でも、主に①短期間の急回復、②Ｖ字の再建計画を上回る収益、③ＡＮＡをも上回る高収益、の3点から、「奇跡的成功」として受け止められている。

表3　JALのV字回復

（単位：億円）

| 年度 | | 2008 | 2009 | 2010 | 2011 | 2012 |
|---|---|---|---|---|---|---|
| 売上高 | 計画値 | — | — | 13,250 | 12,229 | 12,733 |
| | 実　績 | 19,511 | 11,448 | 13,622 | 12,048 | 12,388 |
| 営業損益 | 計画値 | — | — | 641 | 757 | 1,175 |
| | 実　績 | △ 508 | △ 1,208 | 1,884 | 2,049 | 1,952 |

①短期間の急回復：かつての日本では、破綻企業の再生には10年の歳月が必要だったうえに、再生しても市場での存在感は希薄になっていた。しかし、JALは会社更生法の申請（2010年1月）から、更生手続き終結（2011年3月）まで、わずか1年2カ月という短期間で再生を終え、2012年9月に東京証券取引所に再上場（2年7カ月ぶり）を果たした。

②V字の再建計画を上回る収益：再生作業にあたった企業再生支援機構の描いたシナリオを大幅に上回る実績を達成（表3）。2011年度の営業利益は2049億円に達し、自己資本率35・7％強、営業利益率17％は、航空業界で世界最高水準になった。

だが、企業再生支援機構のペースで進められた「短期間のV字回復」のための再生作業によって、同社が長年かけて築き上げた事業や、育んできた人材、ノウハウまでを剥ぎ取られてしまった感は否めない。再生後の業務には、かつての「仕事の深み」が影を潜め、「王者のマーケティング」から「フォロワーのマーケティング」になり下がってしまったのは残念だ。

③ANAを上回る高収益：2011年度の営業利益高2049億円は、計画

値を大幅に上回っただけでなく、ＡＮＡの２・１倍に相当する驚異的な額だった。売上高では２割少ないことからすれば、その収益力の差は歴然だ。人員整理による人件費の削減、機材のダウンサイジング（小型化）が功を奏し、輸送効率が高まったこともあるが、特に１兆２０００億円を上回っていた有利子負債が、債権放棄などによって２０００億円程度にまで減ったことも大きい。

高収益基調は２０１３年度も続いており、２０１４年３月期の決算は、売上高１兆３０９３億円（前年比５・７％増）、営業利益１６６７億円、純利益１６６２億円で、営業利益率は12・７％（同15・８％）と、世界でもトップクラスの利益を上げている。

## 空港単位で収支を判断

事業で大きく変わったのは、非効率な分野からの撤退と構造改革により、規模の適正化と収益性の向上が図られたことだ。Ｖ字回復の前後で簡単に比較するならば、事業規模は約３分の２に縮小されたことになる（表４）。

機材は14機種から９機種に、機数は２７９機から２１５機と23％削減。更新が遅れていた燃費効率の悪い機材ＭＤ―81、Ｂ７４７、ＭＤ―90、Ａ３００を機種ごと退役させ、Ｂ７８７―８とＢ７３７―８００を導入した。

表4　JALの破綻前後の事業規模比較

| | 2009年3月末 | 2012年3月末 | 増減率 |
|---|---|---|---|
| 従業員数 | 4万7,526人 | 3万2,600人 | △35.0% |
| 機種数 | 14 | 9 | △35.7% |
| 保有機数 | 279機 | 215機 | △22.9% |
| 国際線 | 67路線 | 47路線 | △29.9% |
| 国内線 | 153路線 | 112路線 | △26.8% |
| 生産量（ASK） | 128,743百万座席キロ | 78,559百万座席キロ | △39.0% |
| 輸送量（RPK） | 83,486百万人キロ | 52,577百万人キロ | △38.0% |
| 有償座席利用率 | 64.8% | 66.9% | 2.1ポイント |

※ASK＝Available Seat Kilometer（有効座席キロ）
※RPK＝Revenue Passenger Kilometer（有償旅客キロ）

また、路線ごとの収支にとどまらず、空港単位の収支を判断した撤退も行われた。国際線では、メキシコシティ、コナ線（ハワイ）、南米唯一のサンパウロ線（ブラジル）、アジアのデンパサール線（バリ島）などの収益性の低い観光路線を大胆に切り、欧州では、ローマ、ミラノ、アムステルダムの空港から撤退した。地方発着の国際線の撤収も徹底的に行われ、ネットワークはますますＡＮＡと重複するようになった。

国内線では、札幌丘珠《おかだま》、静岡、松本、名古屋（小牧）、神戸から撤退した。3空港のある関西地区では伊丹に集中させることとなったが、ＪＡＬが先鞭をつけた静岡、神戸も守れなかったのは残念だ。中部地区では、子会社のジェイエアが本拠地にしていた県営名古屋空港からも引き揚げたことで、日本で3番目の規模の市場を失ったばかりか、旧ＪＡＳの地盤だった静岡、松本からも撤退しているため、中部地区における地盤低下は避けられない。これからどのように営業力を挽回するかが課題だ。

さらに大きな決断となったのは、貨物専用機の全面的な売却だった。ＪＡＬの貨物部門には、３０００人の従業員と7機のＢ７４７、3機のＢ７６７貨物専用機が在籍していた。宅配貨物を中心にするＡＮＡとは違い、大型貨物も扱う世界でも有数の貨物航空部門だったが、破綻前には毎年２００億円ほどの赤字で苦しんでいた。

結局、10機の専用機はすべて売却し、貨物部門は旅客機のベリー（腹部）の貨物室だけでの営業となったが、いまだ苦戦を強いられている。また、ＪＡＬの輸送部隊の縮小は、輸送力を増強している韓国・中国企業による日本発着貨物の扱い量拡大につながり、国家的損失を招いているのは残念だ。

## 機能した稲盛の経営哲学

破綻前のＪＡＬの企業体質は、「親方日の丸」と呼ばれたように官僚的な上に、経営者の資質にも問題があった。経営危機が顕在化しても、社内には危機感はなかった。経営者は現場を知らず、現場は「経営はトップの問題」と考えていた。

「顧客よりもマニュアル重視」「他部門は別会社」など、「役所意識」が蔓延し、経費は「どんぶり勘定」。輸送実績がまとまるのは2カ月後だった。フラッグキャリアの自負は強く、収益が上がっていることよりも、「べき論」で事業が展開されていた。

最重要課題は、短期的に黒字を計上することではなく、恒常的に収益を生み出すように、コスト構造を変えることにあった。JALは経営環境が変化しても、現場は年度初に立てた計画で突き進む「硬直的なコスト構造」だったため、利益は絶えず「下振れ」する可能性が高かった。経営も現場もイベントリスク（突発的事件）に対応する「柔軟なコスト構造」をとっていたANAとの大きな違いはここにあった。

JALの再生作業が、「コスト構造」の変革にまで踏み込めたのは、ひとえにCEOに就任した稲盛和夫会長（現名誉会長）の功績である。稲盛は雑誌で、「（JALの社員は）学歴とプライドだけは高かったが、当事者意識に欠け、評論家的な言動に終始するような人が目立った」「幹部が企業経営の基本を全く理解していなかった」（『文藝春秋』2012年8月号「JAL V字回復の真実」）と語っている。

稲盛が行ったことは、教育による「意識改革」と、アメーバ経営手法の導入による「採算性の向上」だ。前者は、役員への稲盛イズムの浸透と、新たな経営理念である「JALフィロソフィー」の確立。後者は、組織を小さな（10人前後）グループに分割する「アメーバ経営」の導入による収支管理の徹底である。当月・翌月・翌々月ごとの収入・支出・収支を日割りで管理し、月

**表5　世界の主要エアラインのユニットコスト**　（単位：円）

| | 燃料費 | 空港使用料 | 航空機材賃借費 | 整備費 | 減価償却費 | 人件費 | その他業務委託費等 | 合計 |
|---|---|---|---|---|---|---|---|---|
| ユナイテッド | 3.7 | 0.6 | 0.3 | 0.5 | 0.5 | 2.3 | 2.7 | 10.4 |
| サウスウエスト | 3.0 | 0.5 | 0.2 | 0.5 | 0.4 | 2.4 | 1.1 | 8.1 |
| BA | 3.7 | 0.8 | 0.1 | 0.6 | 0.8 | 2.5 | 2.4 | 10.8 |
| エアフランス | 2.7 | 0.7 | 0.3 | 0.5 | 0.7 | 3.0 | 2.2 | 10.2 |
| ライアンエア | 2.0 | 0.6 | 0.1 | 0.1 | 0.4 | 0.5 | 0.9 | 4.6 |
| エミレーツ | 3.4 | 0.4 | 0.7 | 0.2 | 0.6 | 1.1 | 2.1 | 8.6 |
| シンガポール | 3.5 | 0.4 | 0.4 | 0.4 | 1.0 | 1.1 | 1.9 | 8.6 |
| エアアジア | 2.1 | 0.5 | 0.1 | 0.1 | 0.7 | 0.6 | 0.2 | 4.3 |
| 大韓 | 5.3 | 0.3 | 0.3 | 0.3 | 1.5 | 1.8 | 3.7 | 13.3 |
| ANA | 2.9 | 1.0 | 0.7 | 0.5 | 1.3 | 2.8 | 3.7 | 12.9 |
| JAL | — | — | — | — | — | — | — | 11.5 |
| JAL（破綻前） | 3.1 | 0.9 | 0.8 | 0.9 | 0.6 | 2.2 | 4.1 | 12.6 |
| スカイマーク | 2.4 | 1.0 | 1.1 | 0.9 | 0.3 | 1.6 | 1.2 | 8.4 |

※ユニットコスト＝1座席を1km運ぶために必要なコスト
出典：「国際航空に係る環境の変化等について」（国土交通省航空局／2014年3月）

例の「業績報告会」で報告を求めた。そして当初計画と実績との誤差の精度を求めるとともに、誤差が生じた場合はその理由を厳しく追及した。

これによって、路線別の収支が見えてきた。中核部門となった路線統括本部は、運航コストを構成する運航本部、客室本部、整備本部、空港本部に対して適正なコストを要請する一方、販売環境を睨みながら座席のプライシング（価格付け）を行う。また、前述の4本部では採算意識が高まり、コストの低減に真剣に取り組むようになった。

「アメーバ経営」は2013（平成25）年度までにJALエクスプレス、JALスカイなど連結子会社にも導入してきたが、2014年度からはジャルパック、ジャルセールスなどの販売系、ＪＡＬグランドサービスなどの空港業務系の子会社にも拡大し、２０１５年度末までに60社ある連結子会社の35社に導入を終える予定だ。

一方で、破綻前には踏み込めなかった乗務員の待遇にも大胆なメスを入れ、既得権の見直し（出張条件の緩和、飛行手当の引き下げなど）を実現。これにより客室を含む乗務員経費（タクシー通勤代等を含む）は約63％も節約できた。

それらの効果によって、２００８年度には13・８円にも達していたユニットコスト（1座席を1km輸送するコスト）が、２０１１年度はＡＮＡを下回る11・５円にまで下がった（２０１２年度も維持）ことで、競争力が回復した。しかし、世界の航空会社と比べると、まだまだ高い（表5）。

## 威力を発揮する破綻効果

現在のＪＡＬの収益を底上げするのに貢献しているのが、会社更生法適用の特例による「破綻効果」で、通称「3点セット」と呼ばれる。

1つ目は財産評定効果で、航空機資産を簿価から時価に評価替えしたことで、減価償却費の負担が一気に軽減された。破綻前のＪＡＬは航空機の資産を簿価で評価していたが、評価額には、航空機を購入する際の値引き額「機材関連報奨額」（クレジットメモ）を利益に計上し、見せかけの利益をかさ上げしてきた。その額は１９９２（平成４）年度からの８年間中、７年で合計８１７・６億円、２００２年度から２００４年度までの３年間で１２７４・８億円もの巨額に達しており、この処理がなければ、２００２年度の１０５・９億円の黒字が赤字に転落し、２０００年度から２００８年度までの９年間では５年が赤字のはずだった。

機材関連報奨額を長年計上していたため、帳簿上の機材の価格（簿価）と実際の価値（時価）が大きく乖離してしまった。そのため、古い機材を売却すると多額の差損が発生することから機材の更新に消極的になっていたが、再生作業では燃費効率が悪い経年機をまとめて処分し、残した機材は評価替えによって実際の評価に付け替えることができた。

２つ目は、金融機関による５２１５億円もの債権放棄と、それに伴う金利負担の減免だ。これにより、破綻前には売上高の４割にも相当する８０１５億円の有利子負債が足かせになっていたＪＡＬは、今や無借金経営になった。ちなみにＡＮＡは８３００億円を超える有利子負債を依然として抱えている。

３つ目は、法人税の減免だ。再生企業には９年間の免除が認められており、２０１０〜２０１８年度の累計は３１１０億円（国交省の試算）にも達する。

さらに、破綻前に２７３１億円にも達し、埋め合わせる財源のあてもなかった社員の退職金や年金の積立不足も一気に解決できた。年金制度の改革が認められ、ＯＢの支給額を30％、現役社員の支給額を53％カットし、給付利率を年利５％の固定型から市場金利変動型（現行１・５％）に変更したことで債務が２２３０億円も減少したのだ。

このような更生法の適用による特例措置で生まれた利益（破綻効果）が、２０１０年度に７８０億円（整備費や地上資産を含む）もあり、２０１１年度は４６０億円（営業利益２０４９億円）、２０１２年度は４００億円（同１９５２億円）にも上った。

ただ今後心配なのは、安定株主が少ないことだ。上場前に経営陣が有力企業と交渉したが話はまとまらず、海外の投資家の持ち株比率が50％を超えるまで高まっている。破綻前には重要株主だった商社、銀行、取引先も、自社の株主から訴訟されることを恐れて、再度の購入には慎重だ。そのため、国内では、証券・信託銀行等が21・17％、京セラが２・10％の株式を保有する状況で、心もとない。

海外の投資家は利益を重視するため、短期的な判断で株式を売り買いすることが多く、高収益が出なくなると売り注文が急増して経営が不安定になる可能性がある。したがって、安定株主が見つかるまでは、外国人投資家が逃げないように、高い配当を続けなければならない。ＪＡＬは

「高収益企業」の看板を背負わされているのだ。

## 噴き出した「不平等論」

ＪＡＬの再生作業には、３５００億円もの国費が注入された。ＪＡＬは再生後に「国からの借金は全額お返しした」と胸を張るのだが、実は国からの資金はＪＡＬの金庫に入ったままで、１円も直接には返済していない。国が回収したのは、企業再生支援機構が保有していたＪＡＬ株の売却益だ。いわば、新ＪＡＬ株を購入した株主が、肩代わりして国に返済したようなものだ。従ってＪＡＬは、国からの資金、金融機関が放棄した債権、上場廃止による株券、９年間にわたる税金の免除などで、１兆円をはるかに上回る資金を得たことになる。

そこで噴き出したのが、ＡＮＡからの「不平等論」だ。同じ市場で競合していながら、片方の企業に多額の補助を与えるのは、競争関係を歪め、自由競争の原理から逸脱している、との主張だ。

確かに、ＪＡＬの救済に乗り出した当時の民主党政権は、航空行政の基本的方針や市場における競争関係などの考慮に欠けていた。国土交通大臣の思いつきとも言え、単に「ＪＡＬ救済」だけに焦点が当てられたのだ。

世界の例を参照するならば、航空会社の経営問題も市場の原理に任せる米国型と、企業の救済は認められるものの競合関係への影響を考慮して、補助金の出し方や、再生後の経営に制限が加えられるＥＵ型に分かれる。日本はそのどちらでもなく、競合関係への配慮が欠落していたのである。

批判が相次いだことから、国交省はあわてて有識者会議を招集し検討を開始。「ＪＡＬ救済は競争関係を歪めている」との結論には達したものの、有効な対応策はまとまらなかった。航空局航空事業課は、２０１２（平成24）年８月10日に「日本航空の企業再生への対応について」の見解を発表。「公的支援によって競争環境が不適切に歪められていないかを確認するため、ＪＡＬグループの中期経営計画（２０１２―２０１６年度）の期間中、定期的、または必要に応じ、投資・路線計画について報告を求め、その状況を監視する」との見解をまとめ、ＪＡＬの新路線は「抑制的に判断」（発表時のコメント）するとした。

この趣旨にそって、２０１２年の羽田空港国内線発着枠、２０１３年の同国際線発着枠の配分がなされ、また、国交省は策定済みのＪＡＬの中期計画に盛り込まれていない新路線は承認しない方針を明言した。

ところが、これでは事業拡大に支障が出るため、ＪＡＬは発着枠に余裕のある羽田空港の深夜枠を使用したホーチミン線の開設を申請した。これに対してＡＮＡは「8月10日付書面の有効性が消滅する」と猛反発したが、国交省は不認可にする法的根拠が見当たらないとして最終的に認可し、ＪＡＬはこの手法を重ねる意向を明言している。「不平等論の是正」がなし崩しになる可能性が高まっており、またもや「国の場当たり的な航空政策」の問題点が浮き彫りになった。

## 「自立」「挑戦」「スピード」

ＪＡＬは、２０１６（平成28）年度までの中期計画によって、経営基盤の確立を急いでいる。計画によると、２０１２年度は『実行力』が試された年として、「過去の計画が達成されないまま新たな計画を作成してきた過去を反省し、ステークホルダー（企業の利害関係者）との約束を守れる会社になったことを立証」する年だった。続く２０１３年度は『真価』が問われる年として、「リスクを乗り越え、高収益体質を確立できるかが問われる」と考え、「ヒューマンサービスを磨き上げ、常に新鮮な感動を与えられるような最高のサービス」を目指した。

そして２０１４～２０１６年度は、『経営目標を達成し、新たな成長を開始する時期』と位置付け、『自立』『挑戦』『スピード』をキーワードに「競争に勝ち抜き、永続的に発展していく」ことを示す、としている。具体的には、競争に勝ち抜くために、「ＪＡＬブランドの追求」「路線ネッ

表6　JALの中期経営計画における目標数値

| | | 2013年度 | 2014年度 | 2016年度 |
|---|---|---|---|---|
| 便　数 | 国際線 | 107 | 113 | 122 |
| | 国内線 | 106 | 108 | 106 |
| | 合計 | 106 | 108 | 108 |
| 生産量（ASK） | 国際旅客 | 107 | 113 | 126 |
| | 国内旅客 | 105 | 102 | 97 |
| | 合計 | 106 | 108 | 113 |
| 搭乗率（L／F） | 国際旅客 | 76.6% | 74.9% | ― |
| | 国内旅客 | 63.5% | 64.9% | ― |
| | 合計 | 70.8% | 70.6% | ― |
| 連結ユニットコスト | | 12.1円 | 12.7円 | 12.3円 |
| 同（燃油費除く） | | 8.7円 | 8.8円 | 8.3円 |

注1：便数、生産量は2011年度＝100とした指標
注2：2013年度は計画発表時の見込み値
※ASK＝Available Seat Kilometer（有効座席キロ）

トワーク・商品サービス」「コスト競争力」で差別化を図る。①安全性、②路線ネットワーク、③商品サービス、④グループマネジメント、⑤人財育成、の5項目に重点的に取り組み、「安全運航の堅持」「顧客満足No．1」「営業利益率10％以上、自己資本率50％以上」を達成する。

２０１４年3月26日に発表された２０１６年度までの修正中期計画（**表6**）では、売上高は公表されていないが、２０１１年度の実績比で、国内線の輸送能力（提供座席キロ）は2％縮小し、国際線は26％拡大。営業利益率10％以上、自己資本比率50％以上を目指している。3年間に保有機へ４４３０億円投資し、Ｂ７８７を29機、Ｂ７３７を9機導入して更新を進めるが、機数は10機増の２２０機にとどめる。ユニットコストは、円安の進行で燃油費が増加したことから、２０１

2年度の11・5円から、2014年度は12・7円に上昇するが、2016年度は12・3円に引き下げる。

国内旅客は、2011年度比で2013年度に105%まで伸びた生産量を97%まで縮小するが、機材のダウンサイジングをさらに進めるので、便数としては106%に増える。これはLCCの参入などによる業界内競争の激化に加え、2014年度末の北陸新幹線金沢延伸開業、2015年度末の北海道新幹線新函館（仮称）開業など、新幹線との競合が増えることを考慮したからだ。また、国内部門では、コスト削減のために分社化していたジャルエクスプレスを2014年10月に吸収合併し、効率を高める。

一方、国際旅客の便数は2011年度比で22%、生産量は26%伸びる。だが、ライバルのANAは2013年度から2016年度で生産量の伸び率45%を目指しており、2016年度にはJALを追い抜く計画だ。果たしてJALは、ANAの猛追を冷静に見ていられるのだろうか。

## 2012年から投資を再開

JALは再生作業期間中、徹底的にコスト削減が求められ、投資も抑え込まれていたが、再建が完了したことにより、2012（平成24）年から本格的に投資を再開した。

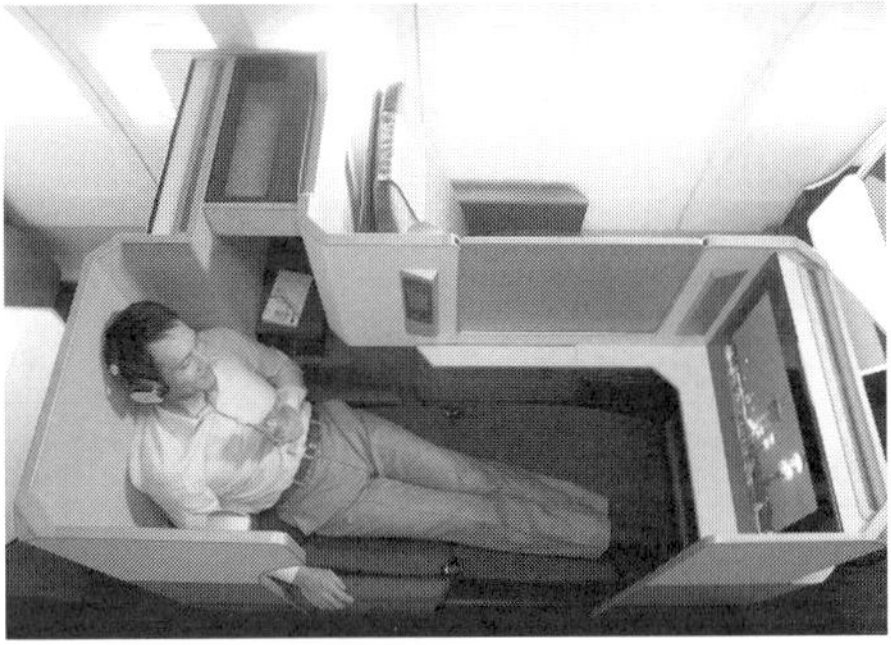

個室化・ライフラット化されたJAL「スカイスイート777」のビジネスクラスシート

1つ目は新機材Ｂ７８７の導入で、先行したＡＮＡが国内線から投入を始めたのに対し、ＪＡＬは国際線から就航させた。中型サイズながら長距離を飛行できる特性を活かし、これまで日系キャリアが就航していなかったボストン、サンディエゴ線を開設したほか、シンガポール、デリー線を増便。また、２０１３年７月のヘルシンキ線を皮切りに、９月にはモスクワ線、12月にはシドニー、バンコク線もＢ７８７に切り替えた。

２つ目は、機内の設備・サービスの刷新だ。国際線では、全クラスのシートと機内食を刷新した「スカイスイート７７７」を、２０１３年から欧米長距離路線に投入。ビジネスクラスのシートをライフラット化したほか、エコノミークラスでは座席のピッチを他社よりも５〜７㎝広げた。また、Ｂ７６７も「スカイスイート７７７」同様に改修し、２０１３年12月から中長距離路線に順次導入。そのほか、機内インターネットサービス「ＪＡＬ ＳＫＹ Ｗｉ-Ｆｉ」の整備を拡大しており、欧州主要路線以外にアジア路線でも順次提供を開始する。

また、国内線では全クラスのシートを革張りに替え、普通席をスリム化してシートピッチを最大5㎝広げ、Wi‐Fi環境も装備した「JAL SKY NEXT」機を2014年5月から投入している。

3つ目は、国内線の運休路線の再開だ。2012年度は、上期にリージョナル機で福岡～花巻線、新潟～新千歳線を開設し、下期には羽田～出雲線、新千歳～仙台線、福岡～宮崎線を増便。2013年度は羽田の追加配分枠を使用して、国際線との接続を目的とした中部線を開設し、新千歳、那覇線を増便した。2014年度は伊丹～松本・女満別線、新千歳～出雲・徳島線などを夏の季節運航で再開する。

JALの次期主力機となるエアバスA350

再生によって運航コストが下がり、採算ベースに乗りやすくなったことと、再建後の業績が予想外に好調であるにもかかわらず、「社会貢献が少ない」との批判が出ていることに対応するためだ。また、いったん撤収した北海道エアシステム（HAC）への支援を再開するために、資本参加の比率を過半数にまで広げる。

4つ目は、主力機B777の後継機としてエアバスA350-900（国際線3クラス仕様314席）18機とA350-1000（同350席）13機の合計31機（カタログ価格で合計9500億円。別途仮発注が25機）を発注した。受領は2019年からになる。

経営破綻から再建までの間に設備が世界の主要社に遅れてしまっていたJALだが、これらの投資により世界でもトップクラスのサービスが提供できるようになる。

## 【各景②】新たなビジネスモデルの構築を目指すANA

### 羽田の国際化が利益に貢献

昨今のANAの業績は、JALに比べると見劣りするが、世界の航空会社のなかでは優秀な成績だ。2014（平成26）年3月期は連結売上高1兆6010億円、営業利益659億円、純利益188億円だった。ちなみに営業利益率は4.1%。ただ、前年度と比べると売上高は7.9%増えたにもかかわらず、営業利益は36.4%、純利益は56.2%とそれぞれ減少した。原因は円安だ。

円安の定着によるコストの増加をいかに抑えるかは深刻な問題だ。外国為替相場でドルに対する円の相場が安くなり、コストの約3割を占める燃油の調達コストが上がって、利益を吸収してしまう。ANAの場合、2014年3月期で見れば、その額は190億円に達した。為替相場が円高傾向に進んでいた時期には、先物の売り予約をすることで変動リスクを軽減できたが、円安が定着するとその手法は使えない。残されたヘッジ（リスク分散）は、外貨建て収入を増やして燃油代金の支払いに充てることだ。そのためには外国人への販売を増やすことが求められる。一方、円安による恩恵もある。円安の定着でアジアなどからの訪日客が増加しているからだ。国際航空ビジネスは、輸送だけでなく、為替の動向にも十分な注意を払っていないと、大変なことになる。

2014年度の見通しも良好だ。売上高を989億円増の1兆7000億円とし、営業利益率は5.0%に上昇。営業利益は190億円増の850億円、純利益は161億円増の350億円という内容である。特に期待されているのが、大幅増便が実現した羽田発着の国際線と、専用機を1機増やす貨物部門だ。

だが、海外のFSCはどこも苦戦し、お手本にならないことから、ANAは自らの手で、新たなビジネスモデルを作り上げなければならない。

## グループ経営体制に移行

航空業界を取り巻く環境は、引き続き厳しい。規制緩和、オープンスカイ、首都圏空港容量拡大、市場開放などで大きく変化しているばかりか、競合環境も世界中の航空会社による攻防、ＬＣＣの台頭、新幹線の延伸などで激しさを増している。

ＡＮＡはこのような環境変化のなか、経営基盤の強化に努める一方、首都圏空港容量の拡大を最大限に活用する路線展開によって、「日本をベースとした航空ビジネスの完成型の構築」に取り組む。加えて、新たな成長領域を確保するため、アジアへの戦略的投資などによる航空付帯ビジネスの拡大を図り、収益の最大化によって、グループ経営ビジョン「世界のリーディングエアライングループ」の実現を目指している。

１９９０年代のＡＮＡは、キャセイやＳＱといった財務体質の優れたアジアのビッグキャリアを追い越して「アジアナンバーワン」になるという目標を掲げていた。ところが近年は、キャセイは高燃費時代への抜本的な解決策を見出せておらず、マルチブランド戦略で成功したように見えていたシンガポールも利益をなかなか生み出せない状態に陥っていることから、ＡＮＡ自身がオリジナルのシナリオを描くことが求められている。その決意が「日本をベースとした航空ビジネスの完成型の構築」や「世界のリーディングエアライングループ」といったフレーズに表れていると理解すべきなのだろう。

ＡＮＡは「２０１２―１３経営戦略」で、「マルチブランド戦略」「グループ経営体制改革」「構造改革によるコスト競争力と財務体質の強化」を進めた。「マルチブランド戦略」ではＬＣＣのピーチとエアアジアＪを発進させ、「グループ経営体制改革」では２０１３（平成25）年4月に持株会社へ移行した。

「構造改革によるコスト競争力と財務体質の強化」に掲げた１０００億円のコスト削減は途上で、「２０１３―１５中期経営戦略」と「２０１４―１６中期経営戦略」でも継続されている。２０１３年度までに５２０億円を削減できたものの、残る４８０億円は未達で２０１４年度に持ち越されたが、達成は難しそうだ。

「２０１４―１６中期経営戦略」では、２０１４年春の羽田空港国際線増便を起爆剤として、日本とアジアの成長を大きく取り込むために、最適な事業ポートフォリオ（資産構成）の実現とコスト構造改革を推進。グループ収益の最大化を目指す。

また、高い成長を見込めるアジアでの戦略的投資として２０１３年6月、シンガポールに投資管理会社を設立した。すでに参画した乗員訓練施設（パンダ・フライト・アカデミー）、ミャンマーの航空会社への資本参加、整備受託事業の開始のほか、今後もさまざまなビジネスを検討している。

表7　ANAグループの業績見通し　（単位：億円）

| | 2013年度 | 2014年度 | 2015年度 | 2016年度 |
|---|---|---|---|---|
| 営業収入 | 15,800 | 17,000 | 17,800 | 18,500 |
| 営業利益 | 600 | 850 | 1,100 | 1,300 |
| 営業利益率 | 3.8% | 5.0% | 6.2% | 7.0% |
| 経常利益 | 300 | 550 | 800 | 1,000 |
| 当期純利益 | 150 | 300 | 450 | 600 |

注：2013年度は計画発表時の見込み値

## 半分が国際線に

ＡＮＡの「２０１４―１６中期経営戦略」では、収益の柱であるＦＳＣ事業の収益性を高めるとともに、収益の事業領域を拡大・多様化し、資産価格の変動に耐えられる最適なポートフォリオの構築を目指している（表7）。

### ①ＦＳＣ事業

日系企業の海外展開や訪日外国人の拡大による需要増、首都圏空港発着枠の拡大を背景に事業を拡大する一方、為替の影響によるコストの増加を最小限にとどめることをあげている。

国際線は、２０１６（平成28）年度まで大幅に拡大する計画で、達成時にはＪＡＬの国際線の事業規模を上回るほか、社内でも国内部門を上回り、「国内線主体のＡＮＡ」から「国際線主体のＡＮＡ」に大変身する。

ＪＡＬの破綻前には、ＪＡＬの４分の１の規模に過ぎなかったＡＮＡの国際線だったが、着実に成長を遂げてきた。ＡＮＡの国際線は２００９～

２０１３年に供給量を55％伸ばしたが、これからの３年間でさらに２０１３年度比で45％伸ばし、２０１６年度にＪＡＬを上回る計画だ。また、２０１６年度の国際線の生産量は、国内線の生産量（年間約６００億座席キロ）を若干上回る。

国際線では、首都圏の羽田・成田の発着枠拡大で競争関係が強まるなかで、両空港をいかに活用するかが事業拡大の決め手と分析している。ＡＮＡは両空港ともに位置付けを変えた「ハブ空港」として活用する「デュアル・ハブ」のマーケティングをさらに進める考えだ。

羽田では、濃密な国内線ネットワークと「最大の国際線ネットワークキャリア（17地点23便）」の優位性を「内際ハブ」として結びつけることで、単価の高い首都圏のビジネス需要や国内線の接続需要を獲得する。成田では、２０１５年以降の発着枠拡大を活用し、日系キャリアの未就航都市への路線開設や、アライアンスメンバー社との接続ネットワークの拡充、共同事業の拡大を行う。また、アライアンス以外のキャリアとの個別提携も展開する。

２０１４年度には、欧州の政治経済の中心地であるベルギーのブリュッセル、経済成長が著しいトルコのイスタンブール、カンボジアのプノンペンに日系キャリアとして初めて就航し、成田から各々週７便を運航する見込みだ。ブリュッセルは欧州やアフリカへの航空ネットワークが充実しており、イスタンブールはアライアンスメンバーのトルコ航空の本拠地でもある。これまでの国際線は、ＪＡＬの開拓した路線への参入が多かったが、これからは単独運航の路線が増えることからＡＮＡのマーケティング力が試される。国際ビジネスの経験を持つスタッフを増強することが必要だ。

商品・サービス面では、長距離路線のビジネスクラスシートのフルフラット化を２０１４年中に完了させるとともに、中距離路線での機材の更新とサービス向上を推進。また、２０１４年からはＢ７８７の拡張型であるＢ７８７―９の受領も始まる。

ただ、過去3年間には「羽田の国際化」という強力な支援材料があったことで、国際線を大きく伸ばすことができたが、当面の羽田の国際線発着枠はほぼ出尽くしたので、これからの国際線の拡大は厳しいものになるだろう。

一方、国内線は、人口の減少、新幹線の延伸、ＬＣＣとの競合激化が見込まれるため、ＡＮＡのＦＳＣとしては、２０１３年度比で旅客数が微減すると見込んでいる。機材面では、ダウンサイジングと、小型機の運航のＡＮＡウイングスへの移管を加速し、低コストオペレーション体制を追求する。

**②貨物事業**

国際線では、沖縄県などの支援を受けた「沖縄ハブ」が確立しつつあり、ＡＮＡの貨物事業の基盤になっている。中型のB767貨物専用機を使用し、日本国内と東南アジア主要都市の空の物流を那覇で中継するもので、対象都市では翌日配送が可能になった。

2014年4月には、分社化した貨物事業会社ANAカーゴが営業を開始する。貨物の企画・マーケティングからロジスティック（物流）、空港でのハンドリングまでを一体的に運営し、意思決定の迅速化と効率アップを目指す。機材稼働率の向上を図るとともに、貨物専用機を増機し、ネットワークを拡大して貨物機事業の黒字化を実現させる。また、貨物キャリアを含むアライアンス・パートナーや物流会社との提携を強化し、航空物流ネットワークを補完する。

貨物担当役員は、「貨物事業で世界5位以内を目指す」と言明しているが、世界にはエミレーツ、キャセイ、大韓、フェデックス、ルフトハンザ、SQなどの有力キャリアが存在しており、5位に食い込むのは相当に難しそうだ。

**③LCC事業**

日本を含む東アジアでLCC市場を創出し、収益事業としての基盤を早期に確立する。ピーチは関西圏における成功をベースにさらなるネットワークの拡充を図り、首都圏マーケットを基盤とするバニラエアは、2016年度までに10機体制として香港やミクロネシア等に就航する予定だ。

④多角化事業

グループ内取引を中心にする事業では市場競争力を意識した構造改革を継続し、グループ全体のコスト低減に寄与。外部取引を基盤とする事業では、新市場の開拓を進めることで、外部収益の拡大を目指す。

⑤航空関連事業

高い経済成長が期待されているアジアでは、航空及び関連事業の拡大も見込まれることから、ビジネスチャンスととらえ、機動的な戦略的投資を行う。活力のあるアジアの需要をグループに取り込むために、すでに決定しているミャンマー企業以外の複数の航空会社にも出資の検討を行っている。

2013年に買収したパイロット養成企業のパンナム・インターナショナル・フライトアカデミーは北米・南米で安定的な収益を上げているが、旺盛なアジアでの需要に対応するために、バンコクに新たな拠点を開く。拡大の見込める整備事業への対応としては、那覇で本格的に航空機の整備に参入するために、2015年度に事業を開始する。

また、非航空関連事業の分野でも、ANAブランドの認知度向上、新規旅客需要の開拓、新たな事業モデルの導入、新サービスの創出を目的とする投資を行っていく。

## コスト削減目標を上乗せ

さらに、ANAは競争力を高めるため、推進中の1000億円のコスト削減目標にさらに上乗せをする。現在のJALの収益力(年間1000億円の差)、つまり運航コストに並ぶにはユニットコストで2011(平成23)年度比1円、経費の総額で1000億円の削減が必要になる。そこで2014年度までに1000億円削減を目標に掲げているのだが、2011年度で110億円、2012年度210億円、2013年度で200億円の合計520億円しか削減できていない。2014年度は340億円を見込み、トータルで860億円に達するが、JALはさらに0・5円のコスト圧縮を目指していることから、2015~2016年度でさらに500億円を削減し、2011~2016年度の合計では1360億円を削減する考えだ。

コスト構造改革では、コストカットに加えて生産量の拡大を図っている。特に運航関係では、基準をグローバル水準に近づけることで国際線運航コストを引き下げる。2014年度からはパイロットの平均乗務時間を、月間で約50時間から約60時間に変更することで、年間50億円程度のコスト改善効果がある。

また、コスト競争力に優れた同業他社のビジネスモデル研究を通じて、ANAグループ各社が市場競争力のあるコストターゲットを追求するとともに、各事業会社への権限の移譲を進め、グループ内取引の適正化と他社との競争力を備えた生産体制の構築を行う。これらが実現すれば、ユニットコストは２０１１年度比で１・５円安くなる。

## オリジナルなシナリオを求める

ＡＮＡは２０００年代後半に立てた中長期計画で、機材の集約化を目指した。大型機はＢ７７７に、中型機はＢ７８７に、小型機をＢ７３７に絞って効率化を図ることとし、経営を懸けるＢ７８７については66機（保有機の３分の１弱で、最終受領は２０２１年度）も発注した。

ところが、本格運用が始まった２０１３（平成25）年１月に発生したリチウムイオン電池のトラブルで４カ月半もの運航停止を余儀なくされ、約１２５億円の減収、約60億円の減益という大損害を受けた。また、対応に振り回されたばかりか、数年かかって作り上げた「未来の航空機」のイメージにキズがついたことで運航に大きな支障を及ぼすなど、経営計画に狂いが生じた。

そのため、機材計画を大幅に見直し、２０１４年３月27日にボーイングから中大型機の３機種を40機、エアバスから小型機２機種を30機購入すると発表した。なお、この機材計画の見直しには、２大航空機メーカーの競争が激しくなり、従来よりも好条件で売り込んでくるようになったことも影響している。

今回ANAがボーイングから購入するのは、B777の後継機となるB777—9X（国際線3クラス仕様で407席）20機と中型機B787—9（モノクラスで最大400席）を追加で14機、つなぎとしてのB777—300ERを追加で6機。また、エアバスからはB737の後継機として、A320neo（A320のエンジンを省エネ型の新エンジンに換装）7機と、A321neo（A320neoの機体を2割延長して大型化）23機を購入すると発表した。投資額はカタログ価格で合計1兆7000億円規模。2016～2027年度にかけて、古くなった機体の更新と増機に充てられる。これらの機体が納入されて、古い機種が退役すれば、燃料費は年間で100億円削減できるという。

新たな段階への飛躍を目指す「2014—1

ANAの中型機の主力となったB787

ANAが新たに発注した大型機B777—9X

6中期経営戦略」だが、ANAの経営もいよいよ正念場を迎える感が強い。

## 【各景③】誤算続きのNCAは低空飛行

### 名実ともに「日本郵船」航空に

1978（昭和53）年に設立された日本貨物航空（NCA）は、JALとANAの激戦による落とし子だった。1970年代に頭角を現してきたANAは、国際線への進出を望んだが、JALは政治家を含め、あらゆる手を使って抵抗してきた。

「JALの国際線独占体制」の航空行政に風穴を開けるには「正義」が必要だった。そこでANAは、斜陽産業になった海運会社の救済を掲げ、海運4社との共同事業で「国際貨物航空」の設立を目指した。しかし、認可はスムーズに下りず、実際に1番機が飛び立ったのはANAが国際線への進出を認められたのと同じ1985年だった。

ANAにしてみれば、旅客便での参入が認められたことで、NCA設立の大義はほとんどなくなったのだが、国際線進出の認可は日本航空123便墜落事故の余波で急転直下決まっただけに、国際貨物航空への参入は「乗り掛かった船」となった。

NCAのネットワークは、すぐに米国、アジア、欧州へと広がり、貨物航空会社としての体裁が急速に整っていったが、認可までの7年間で海運業界の環境は様変わりしていた。

海運各社が大規模なリストラを終えて本業で収益が採れる見込みが出てきたのに対し、NCAの事業は投資がかさみ、収益はなかなか上がらなかった。しかし、資本金は事業開始前の1984年には32億円だったのが、1993年には216億円にまで拡大。投資の回収が進まない一方で追加増資が次々と求められる状況に、付き合いを断念した海運3社が撤収したため、株式はANAと日本郵船に引き取られた。

日本貨物航空（NCA）の主力機B747－400F

最終的にANAと日本郵船が資本の半々を分け合う形に落ち着いたが、経営方針の乖離は次第に大きくなった。ANAは航空宅配に注力するため、小回りの利く中型機による広いネットワークでの運航を望んだが、日本郵船は陸海空の総合輸送体制を整えるため、貨物スペースの大きいジャンボ機（搭載量約100トン）の増機を求めた。コスト優先の荷物は「海」、時間優先の荷物は「空」で運びたかったからだ。

そこでANAは、自社内に貨物の運航部門を新たに設置し、2002年9月には中型の専用機B767—300F（搭載量55トン）

を1機購入。「試験運航」の名目で日本郵船の了承を取り、NCAが乗り入れていなかった中国の地方都市と韓国路線に投入したのである。すると、通関業務から目的地での陸運までをパッケージにした業務受託が、荷主の負担を軽減することから特に好評を博した。スムーズに運用できたことにANAは自信を持ち、B767―300Fの追加導入も決め、2005年2月にまとめた中期計画では「貨物を第三のコア事業にする」ことが明記された。

そのとき、すでにNCAは保有する12機のジャンボ機で世界19都市へ運航し、年間約1000億円を売り上げていたが、ANAと日本郵船の経営路線の確執は深刻な段階を迎えていたことから、2005年8月にANAは株式を譲渡してNCAから離脱。当時は、「前途有望な国際航空貨物会社」を譲ったANAの英断を惜しむ見方が多かった。

## 計画は3分の1に縮小

日本郵船にしてみれば、経営の阻害要因が除去されたため、NCAを一挙に自社の考えていた経営目標に転換させた。

2006年5月に発表された中長期経営計画「フェニックス・プロジェクト」では、計画最終年度の2015年には22～24機のB747ジャンボ貨物専用機を保有し、売上高3100億円、経常利益370億円を目指すとしていた。そのため、2005年と2007年に発注した14機のB747―8Fと8~10機保有するB747―400Fを合わせると、2013年にはJALの貨物部門の売上高を抜いて首位に立つ目論見だった。

ところが、2007年から航空貨物の市場に大きな変化が起きた。燃料費の高騰による航空運賃の上昇と世界経済の低迷で、航空貨物が激減したのである。運賃単価は下がり、2007年度の決算でJALの貨物部門は100億円強、NCAは200億円の赤字に転落。さらに2008年度には、JALの赤字は200億円に拡大し、NCAも185億円の赤字を計上した。

これを受け、NCAは「フェニックス・プロジェクト」を見直すとともに増機を凍結し、「大幅に伸ばすはずだった翼」を畳むことにした。増機凍結と言いつつも発注済みの14機のB747―8Fはキャンセルできず、売上規模を抑制しながら、機材をリースに出すなどやり繰りに苦心している。

同時にNCAは、企業再生作業が本格化していたJALの貨物部門の買収に動いた。B747貨物専用機を11機保有するJALとは共通部分も多く、統合によって両社の余剰な供給力の削減と合理化が可能と考えたからだ。現場の認識は一致していることから話はトントン拍子に進み、両社の経営陣の間でも話がまとまったものの、結局はJAL再建を仕切っていた企業再生支援機構が「譲渡価格が安過ぎる」と異議を唱えたため破談になってしまった。

新たな中期計画では、最終年度となる2014年度の使用機材は18機（共同事業、リースなど8機）、自社運航の貨物郵便収益1000億円、経常利益85億円を見込んでいる。なかでも、第三国間の欧州～アジア・北米・南米の輸送に注力する。

NCAは、国際貨物部門で日本キャリア最高の世界24位（ANAは同26位）である。しかし、アジアにはキャセイ（世界2位）、大韓（同3位）、SQ（同6位）、中華（同9位）、エバー（同10位）、アシアナ（同14位）、中国国際（同16位）、タイ国際（同21位）、中国南方（同22位）と有力キャリアが存在している（いずれも2012年実績）。日本で唯一大型機を保有する国際航空貨物会社のNCAには、なお一層の奮起を期待したい。

## 【海外の風景①】3社体制に集約した米国

### 世界トップクラスのキャリアに

米国では航空自由化以降、航空会社の集中度合いが高まっている。自由化以前には、①国際線キャリア＝パンナム、トランス・ワールド航空（TWA）、②メジャー（南北アメリカ大陸内）＝アメリカン、ユナイテッドなど10社、③リージョナル（米国内のブロック）＝ウエスタンなど、

表8　米国航空大手3社の事業規模比較

| | ユナイテッド | デルタ | アメリカン |
|---|---|---|---|
| 本社所在地 | シカゴ | アトランタ | ダラス |
| 年間売上高 | 383億ドル | 378億ドル | 267億ドル |
| 営業利益 | 34億ドル | 12.5億ドル | 14億ドル |
| 保有機数 | 770機 | 695機 | 1,500機 |
| 自社便就航国・都市数 | 69カ国373都市 | 65カ国375都市 | 54カ国340都市 |
| 1日の自社運航便数 | 約5,500便 | 約5,000便 | 約6,700便 |
| 加盟アライアンス | スターアライアンス | スカイチーム | ワンワールド |

④ローカル（本社の州と隣接州）＝サウスウエストなどに区分され、運航区域は米運輸省によって厳しく監視されていた。

ところが、自由化によって規制がなくなると、区分も廃止されて完全な自由競争になった。価格競争力のないキャリアは破綻するか、強いキャリアに吸収された。国は、市場原理に任せたため、伝統のあるパンナム、ＴＷＡ、イースタンでさえ、呆気なく市場から退場。加えて新規参入が相次いだ。自由化からの10年間で約２３０社もの企業が参入し、ほぼ同数のキャリアが敗退した。

２０００年代に生き残った大手は、アメリカン、ユナイテッド、デルタ、コンチネンタル、ノースウエスト、ＵＳエアウェイズだった。ところが、ＬＣＣの攻勢と燃油費の上昇が大手の経営を揺さぶり、コンチネンタルはユナイテッドに、ＵＳエアウェイズはアメリカンに吸収され、デルタとノースウエストが合併して３社になった。だが、この３社はいずれも世界のトップクラスの規模を誇る強豪だ（表8）。

## ジャパン・パッシングが始まった

強力になった米国キャリアだが、昨今の対日本戦略には大きな変化が見られる。戦後の米国が巨大な輸送力を背景に「オープンスカイ」を掲げ、日本の空港の開放を強く迫ってきたのは前にも述べたとおりである。日本が慎重に権益を渡すのをもどかしげに、より多くの乗り入れを求めてきていたのである。

ところが、羽田の国際線発着枠第2次配分（昼間の中長距離路線）が俎上に上った2013（平成25）年、日本からの航空交渉の呼び掛けに、米国が呼応しなくなったのである。理由の1つは米国キャリアの方針が割れ、まとまらなくなったためだ。アメリカンは再生・企業統合を終えたばかりで成長戦略の段階に至っておらず、ユナイテッドはANAとの協調を謳歌しているため大幅な増便は望んでいない。

羽田の国際線発着枠を最も望んでいるのは、日本にアライアンスメンバーが存在しないデルタだ。デルタに吸収されたノースウエストは、日本での長い運航歴を持ち、「東京のハブ空港」を最大限に活用してきた。成田が混雑空港であるにもかかわらず長い時間を掛けて発着枠を集め、米国とアジアの中継ハブにしてきたのである。

国交省は、第2次配分で日米間分として用意している枠は、全体で1日約10便と公表した。日

「成田ハブ」をパッシングする直行便のウエイトを高めるデルタ航空

米に半々を割り振ると米国側は5便となり、デルタへの配分は多くて2便である。ところが、２０１３年秋に来日したエド・バスティアンＣＥＯは記者会見で、成田のハブを羽田に移すために25便の発着枠が必要だとし、「日系社に多く割り振られる羽田の配分は、オープンスカイの精神に反する」と強い不満を吐露した。

だが、注意深く時間を遡ると、すでにデルタは成田をパッシング（通過）する「脱・成田ハブ」に動いていた。２００９年には太平洋地区における成田ハブのウエイトは73％にも達していたが、２０１０年1月のノースウエストとの統合による見直しがきっかけで、同年から縮小傾向に転じた。２０１１年冬ダイヤからサンフランシスコ、ポートランド、広州、マニラ線などを大幅減便したため、２０１１年度の発着回数は9・2％（１８１６回）減り、２０１２年度も2％（３４４回）減少した。さらに、2013年冬ダイヤでソウル線がなくなり、2014年春ダイヤから北京、リンフフンシスコ線が中止になった。

「羽田枠の大量獲得」の要望が通らないと見たバスティアンは、米国に戻って「脱・成田ハブ」を強めている。西海岸のシアトルにアジアとのゲートウェイハブを設け、「成田ハブ」を経由しないアジア各地への直行便を拡げ始めたのだ。これにより、2014年夏までに、太平洋路線における成田経由便のシェアは48％に下がり、成田を経由しない直行便は52％に高まるという。

同様な動きがユナイテッドでも進んでいる。数年前から北京、上海便は成田を経由せず、米国本土のニューヨーク、シカゴ、サンフランシスコに直行しているが、近年はサンフランシスコを米国のゲートウェイハブにして、アジア各都市との直行便を増やしている。ちなみに、2014年夏ダイヤから台北線は成田に寄港せずに直行化したが、6月からは中国・成都へも直行便を飛ばす。

ユナイテッドの場合は、アジアでアライアンス・パートナーのANAが頼りになるので、コードシェア運航に転換しており、成田での「際際ハブ」は「アライアンスのハブ」との認識だ。一方、余力は本土便の拡大に振り向け、米国以遠の輸送拡大に注力している。吸収したコンチネンタルの本拠地でもあるヒューストンへの直行便を倍増（1日2便）し、シェールガスブームに沸くテキサスや、充実した中南米路線への乗継需要の拡大を図るためだ。アライアンス内の役割分担が明確になったと言える。

今のところ、中国は「オープンスカイ協定」を受け入れていないが、将来、中国が米国との協定を大幅に緩めることになれば、米国キャリアの中国直行便は爆発的に拡大する。米国キャリアの「成田ハブ」がなくなったとき、成田は計り知れないほどの損失を被ることになるのだ。

## 【海外の風景②】白旗を上げた独立系ヴァージン

### 八方破れが魅力だった

ヴァージン・アトランティック航空（VS）と言えば、英国のリチャード・ブランソンが一代で築いた航空会社で、反骨精神に満ちた経営と八方破れのユーモアが魅力だった。しかし、ついにデルタの傘下に入ってしまったのには驚いた。いや、残念だ。

現在、VSは、B747―400を13機、A340を25機、A330を3機保有し、世界35カ国に就航して年間550万人の旅客を運んでいる。

2013（平成25）年6月にデルタは、SQからVSの株式49％を3億6000万ドルで購入し、北大西洋線で共同運航を行うとともに、両社のマイレージプログラムと地上ラウンジを融通し合うと発表した。しかも、ＶＳは提携にとどまらず、スカイチームへの加盟を検討しているという。

振り返ってみれば、１９９０年代後半にヴァージンが大々的に展開した「ＮＯ ＷＡＹ ＢＡ／ＡＡ」というキャンペーンがあった。宿敵のＢＡがアメリカンと提携（後にワンワールドに発展）することに反対したもので、「ＮＯ ＷＡＹ（あってはならない）」の専用サイトまで展開するなど、シェアの高い企業同士の提携とアライアンスに強く反発していた。あのブランソンの反骨精神は、どこにいってしまったのだろうか。

## 反骨精神で独自のサービス

音楽業界に身を置いていたブランソンは、１９８４（昭和59）年にＶＳを設立。「高い運賃」と「乗客を詰め込む酷いサービス」に憤慨し、「企業のお偉いさんはＢＡに乗ってもらって結構」と、反骨精神丸出しで大手キャリアに果敢に戦いを挑んだ。次々と革新的なサービスを繰り出すと同時にカジュアルさを前面に打ち出し、庶民のキャリアに徹してきたのである。

普通席はシートのピッチを広げ、上級席にはラウンジを用意した。皮肉を込めてそれぞれ「貧民クラス」と「アッパー（上流）クラス」と名付けたものの、当局からクレームがついて、普通席は「エコノミークラス」に改称させられたというエピソードもある。日本路線参入にあたっては、正規のエコノミークラス運賃でアッパークラスを提供するなど、日本の硬直的な運賃ルールをかいくぐった。

VSが始めた「世界初」をあげてみると、ビューティ・セラピストによる機内マッサージ（1990年）、個人用ビデオモニターを全クラス全席に設置（1991年）、空港～ロンドン市内をバイクで送迎（1993年）、全便全席での禁煙化（1998年）、ラウンジにスパ設備を整備（2005年）、バイオ燃料でのテストフライト（2008年）など、今やスタンダードになったものからユニークなものまで、たくさんある。

経営においては、他のビッグキャリアが巨大化を求めるなかで、「スモール・イズ・ビューティフル」と「最適規模」を求め、地域ごとの分社化を行った。欧州ではヴァージン・エキスプレス（ブリュッセル航空の前身）、豪州ではヴァージン・オーストラリア、米国ではヴァージン・アメリカ、アフリカではエア・ナイジェリアを作り、グループキャリアを乗り継いで世界一周を行う計画を持っていた。欧州と豪州では運賃戦争を仕掛けているが、米国では割安のファーストクラスサービスで支持を得ている。機内の注文パネルで、別席にいる乗客に飲み物を届けられるなど、粋な配慮も加えられているのがさすがだ。

1992年には、本業だったヴァージン・レコードを売却して手にした資金をB747の更新とA340の購入につぎ込み、エアラインビジネスに本腰を入れる姿勢を見せたが、近年はブランソンの神通力にも陰りが見えてきていた。

1999年には、株式の49％を6億ポンド（当時の為替レートで約800億円）でSQに売却し、A380の引き取りを延期。2009年度（2010年2月期）には1億3200万ポンド（約190億円）の損出を計上し、2010年度は1850万ポンドの利益を出したものの、2011年度は8000万ポンド、2012年度は9300万ポンド、2013年度は5118万ポンドの赤字になった。一方、買収したSQは経営の主導権を取れず、また、自社の事業との相乗効果を上げられないため、2012年12月にデルタに譲渡することに同意した。

## 【海外の風景③】急速に勢力を拡大する中東キャリア

### 存在感を増す中東のハブ空港

昨今のレガシーキャリアは、原油高と世界経済の悪化により、どこも元気がないが、存在感を急速に高めているのが中東のキャリアだ。

かつては、国の豊かなオイルマネーで支えられた「産油国の道楽ビジネス」と見られていたが、

エミレーツ航空のB777-300ER

サービス・施設に十分な投資を行い、人とモノを中東の空港に集める戦略が結実した。

以前は、中東の空港と言えば殺風景で楽しみもなかったが、昨今では充実した施設、立派なホテル、世界最大規模の免税品店などが揃い、静養とショッピングを目的に訪れる旅行者も増えた。寄港地としての魅力が急速に高まったことから、近年は国際航空ネットワークのハブ空港として定着している。特に、ドバイは徹底した経済の自由化を進め、外資の参入障壁を取り除いたことで国際物流の拠点になった。

そうしたなか、エミレーツはドバイから中近東17、欧州34、アフリカ23、南北米13の各都市へネットワークを張り、世界140以上の都市に毎週1500便以上を運航する世界5位のメガキャリアに成長し、接続輸送に力を入れている。

典型例が日本から南米への旅経路だ。以前はロサンゼルスやニューヨークなどの米国の都市経由が圧倒的だったが、米国がテロを警戒して乗継客にもビザを要求するようになったこともあり、他ルートへの流出が目立つようになった。その結果、今では接続が便利なドバイ経由が太いルートになっている。

ちなみにドバイ空港には、世界一安いと言われる巨大な免税品店や乗継者用の豪華ホテルがあるばかりか、乗継客には無料で豪華な食事を提供してくれる。2013（平成25）年1月にはA380が同時に20機も駐機できる専用のターミナルビルが完成し、シャワールームはもちろん、温泉やシガーバーまで用意されている。さらに、同年10月にドバイ郊外に開港した新しいマクトゥーム国際空港は、すべての施設が完成すると年間1億6000万人の乗客と1200万トンの貨物を扱える巨大空港だ。

エミレーツが現在最も力を入れているのは北米地域での拡充だが、次に狙っているのは、アジア〜北米間の輸送との情報がある。東南アジアと北米間を移動するには、日本または韓国の空港を経由するのが一般的と考えられているのだが、バンコク〜米国東海岸の移動を例にとると、ドバイ経由は成田経由よりも500㎞ほどしか長くない。利用者にとってみれば、利用機のサービスや乗り継ぎ空港での「おもてなし」が、今後のルート選択の決め手になってくるだろう。

## 度肝を抜かれる巨額の発注

何と言っても世界を驚かせたのは、エミレーツの投資額の大きさだ。2001（平成13）年には航空史上最大となる150億ドル（カタログ価格、以下同じ）もの機材をボーイングとエアバスにまとめて発注（計58機）し、業界を驚愕させた。2007年には、世界最大のA380を68機など349億ドルの機材（143機）を一度に発注して関係者の度肝を抜いた。さらに2010年6月にはA380を32機追加発注し、契約額は115億ドル（当時の為替レートで約1兆500億円）と、1回の発注額の記録を塗り替えた。

だが、怒涛の発注はこれで終わらなかった。2013年11月に開催されたドバイでの航空ショー期間中に、A380を50機、B777―8Xを35機、B777―9Xを115機も発注したが、その総額は990億ドル（約9・9兆円）と小国の国家予算並みの金額に達した。同航空ショーでは、他の中東キャリアの勢いも凄まじく、エティハドはボーイングに26機（B777）、エアバスに87機（A350、A321、A320、A330F）を発注するなど、航空機メーカーの経営をも左右する規模となった。

エミレーツの現在の保有機は200機程度で、大型機の比率が高いのが特徴だ。しかし発注機が３７０機（仮発注含む）に達しており、将来は恐ろしい規模になりそうだ。これから保有機が増えてくると、攻略の矛先は、東南アジア、日本に向いてくるのは必至だろう。

また、同様の戦略で急成長しているのがターキッシュエアラインズだ。拠点のイスタンブールはアジアと欧州・アフリカの中継点に位置し、飛行時間３時間以内で到達できる国は60カ国に及ぶことから東西の懸け橋になっている。２０１３年は高い経済成長を続けているアフリカなどへの新規路線を10路線以上開設したこともあり、旅客数は２００５年実績の約２倍になった。２０１５年までに約30億ドル（約２４００億円）を投じて91機の旅客機等を購入し、輸送力拡大を図る予定だ。

中東各社の機材拡充計画は、過去に例を見ない規模とスピードで、今の日本人の感覚では信じられないほどの内容と言える。これからは、世界中で中東の航空会社が大活躍する時代が始まりそうだ。

# 第2章　格安航空は日本で定着するか

## 【全景】本格LCC時代が幕開け
## LCCのシェアが30％になる？

国内航空旅客数は低迷を続けていたが、2012（平成24）年度に6年ぶりとなる増加に転じ、前年度比8・7％増の8600万人になった。国内航空は戦後順調に拡大基調を続け、2006年度に9449万人を記録したものの2007年度に反転し、それ以来下り基調になっていた。旅客が減少した5年間は、日本経済低迷の影響もあるが、大手キャリアの再生や構造改革を目指したネットワーク縮小といった影響も大きかった。

2012年度は、国内航空旅客の縮小傾向に歯止めがかかっただけでなく、幹線が前年度比

９・８％、ローカル線が同８・０％も伸びた。しかし、大手の伸びはＡＮＡが同４・５％でＪＡＬが同３・６％。貢献度が大きかったのは、スカイマークなどの中堅航空会社とピーチなどのＬＣＣである。特にＬＣＣが就航した路線での伸びが顕著で、関空～新千歳線は１５２％、同～福岡線は３８２％、成田～新千歳線は２７９％、同～福岡線は２８８％、同～沖縄線は２７５％もの拡大だ。

ちなみに２０１３年度の国内航空旅客数も前年度比７・２％増の９１５０万人を記録し、幹線、ローカル線ともに７・２％の増加を見た。

ＬＣＣは、２０１２年３月にＡＮＡ系のピーチ、７月に豪州ジェットスター、ＪＡＬ系のジェットスターＪ、８月にＡＮＡ系のエアアジアＪが就航している。

ピーチはＡＮＡがアジア戦略の一環として立ち上げたＬＣＣで、本体の資本は３分の１にとどめ、香港ファンドと日本の産業革新機構の資本で構成されている。香港資本を加えたのは、資金調達を豊かにし、将来的にはアジア各地でのフランチャイズ展開を考えているからだ。ピーチは就航から２カ月後には国際線（ソウル）にも進出し、伸び伸びと事業を拡張している。

ジェットスターＪは、豪州カンタス航空のＬＣＣ子会社で高業績を上げているジェットスターとＪＡＬとの合弁会社だ。もともとＪＡＬはＬＣＣビジネスに消極的だったが、再生作業にあたった企業再生支援機構のゴリ押しで、同じワンワールドのカンタスと取り組むことになった。消極的な対応のＪＡＬに対し、日本市場に魅力を感じているジェットスターが主導権を取って経営を推進。当初２０１２年末に予定していた就航を5カ月繰り上げたほか、機材を月に１機のペースで増やし、積極的に路線を拡大している。

エアアジアＪはジェットスターＪに遅れること1カ月後の8月に就航したが、3社目のＬＣＣということで、社会的な注目度が低くなるかと思われたが、「アジアの風雲児」と話題を集めているエアアジアのブランドが浸透していることや、赤を基調にした機体のペイント、空港でひときわ目立つ客室乗務員の制服などでやはり脚光を浴びた。

各社は路線と旅客数を拡大し、ピーチは２０１３年9月17日に累計旅客数３００万人を、ジェットスターＪは同8月13日に２００万人（いずれも国際線を含む）を達成した。ちなみに、ピーチが１００万人の旅客を迎えたのは就航から9カ月目だったが、次の１００万人は5カ月間、その次の１００万人は4カ月間しかかからなかった。それらの結果、２０１４年3月期のＬＣＣ全体での国内輸送シェアは7・5％に達し、年間10％の大台が見えてきた。そして、ピーチは２０１４年4月28日に累計旅客数５００万人を達成している。

ＬＣＣのシェアは、北米30％、中南米32％、西欧39％、東欧12％、中東13％、アフリカ12％と、

**表9　世界の地域別LCC旅客数比率**

| 地域 | シェア |
|---|---|
| 北米 | 30% |
| 中南米 | 32% |
| 西欧 | 39% |
| 東欧 | 12% |
| 中東 | 13% |
| アフリカ | 12% |
| 合計 | 100.0% |

※2012年実績。合計旅客数7億7,500万人

世界の各地域ですでに大きく伸びている（**表9～12**）。日本を含む北東アジアはまだ10％だが、東南アジアでは52％に達している（２０１２年実績。国際線＋国内線の座席キロベース。国交省航空局２０１３年10月30日付『我が国のＬＣＣの現状と課題』より）。

特に米国では、航空自由化以降の10年間で、航空旅客は3倍に拡大したが、その最大の要因はＬＣＣの活躍だった。車社会の米国では、それまで航空路線の普及していない地域では高速バスや自家用車を使っていたが、バスより安いＬＣＣの登場で、一気に航空の人気が高まった。また、安い運賃によって、旅行需要が刺激され、新たな旅客も出現した。アジアは車社会ではなく、鉄道の普及度も高いので、米国の環境とは異なるが、代わりに島が多く、航空の必然性は高い。

最近のシティバンクの予想によれば、２０２０年にアジアの航空旅客は、平均で40％がＬＣＣになるという。すでに東南アジアではシェアが50％を上回っているが、今後は北東アジアが急速に伸びるからだ。

先進国での普及のテンポなどを見れば、日本では近い将来にＬＣＣのシェアが30％程度に達するものと考えられるが、そうなる

### 表10　世界のLCC旅客数ベスト12

| 順位 | キャリア | 国　名 | 旅客数(100万人) | 前年比増減 |
|---|---|---|---|---|
| 1 | サウスウエスト | 米国 | 134.1 | △0.9% |
| 2 | ライアンエア | アイルランド | 79.3 | 4.6% |
| 3 | イージージェット | 英国 | 58.4 | 7.2% |
| 4 | ゴル | ブラジル | 39.2 | 8.1% |
| 5 | エアベルリン | ドイツ | 33.3 | 5.5% |
| 6 | ライオンエア | インドネシア | 32.0 | 23.4% |
| 7 | ジェットブルー | 米国 | 29.0 | 9.8% |
| 8 | エアアジア | マレーシア | 19.7 | 9.4% |
| 9 | ノルウェージァン | ノルウェー | 17.7 | 12.7% |
| 10 | ウエストジェット | カナダ | 17.4 | 8.6% |
| 11 | インディゴ | インド | 15.8 | 31.3% |
| 12 | ジェットスター | オーストラリア | 15.4 | 11.0% |

※2012年実績。上位75社対象。合計旅客数7億7,500万人
（注）エアアジアには、他に22位：タイ・エアアジア（旅客数8.3百万人）、30位：インドネシア・エアアジア（同5.8百万人）、51位：エアアジアX（同2.6百万人）があり、合計すると36.4百万人で5位に入る。また、ジェットスターには、他に44位：ジェットスター・アジア（シンガポール／同3.3百万人）、56位：ジェットスター・パシフィック（ベトナム／同1.9百万人）があり、合計すると9位になる。
出典：「AIRLINE BUSINESS」誌2013年6月号

### 表11　世界のLCC売上高ベスト10

| 順位 | キャリア | 国　名 | 売上高(10億ドル) |
|---|---|---|---|
| 1 | サウスウエスト | 米国 | 17.1 |
| 2 | ライアンエア | アイルランド | 6.2 |
| 3 | イージージェット | 英国 | 6.1 |
| 4 | エアベルリン | ドイツ | 5.6 |
| 5 | ジェットブルー | 米国 | 5.0 |
| 6 | ゴル | ブラジル | 4.1 |
| 7 | ウエストジェット | カナダ | 3.4 |
| 8 | ジェットスター | オーストラリア | 3.2 |
| 9 | ノルウェージァン | ノルウェー | 2.2 |
| 10 | エアアジア | マレーシア | 1.7 |

※2012年実績。上位40社対象。合計売上高780億ドル
出典：「AIRLINE BUSINESS」誌2013年6月号

**表12　世界のLCC純利益額ベスト10**

| 順位 | キャリア | 国　名 | 純利益額(100万ドル) |
|---|---|---|---|
| 1 | ライアンエア | アイルランド | 710 |
| 2 | エアアジア | マレーシア | 611 |
| 3 | サウスウエスト | 米国 | 421 |
| 4 | イージージェット | 英国 | 404 |
| 5 | ウエストジェット | カナダ | 243 |
| 6 | ジェットブルー | 米国 | 128 |
| 7 | エアアラビア | UAE | 116 |
| 8 | スピリット | 米国 | 109 |
| 9 | セブ・パシフィック | フィリピン | 85 |
| 10 | ノルウェージアン | ノルウェー | 79 |

※2012年実績。上位30社対象。合計純利益額30億ドル
出典：「AIRLINE BUSINESS」誌2013年6月号

と日本の航空輸送は根底から変わるだろう。2013年度国内航空旅客数である9150万人をベースに試算してみると、国内の総需要が30%伸びる（新幹線の普及している日本では米国並みの3倍増はあり得ないだろう）と仮定すれば約1億1900万人、その30%をLCCが分担すると、約3570万人。ANA、JALクラスの航空会社がもう1つ誕生するのに匹敵する数字である。

ちなみに日本のLCC3社と、形の上では日本資本のLCC春秋《しゅんじゅう》航空日本の第1期計画の保有機の合計は74機であり、その輸送力（国際及び国内）は2960万人となる。これに、参入を計画しているキャリアと2期計画での増機を加えると、3570万人は十分に超える規模だ。一方、LCCを除く既存社の輸送量は、合計で約9%減少することになる。これらの数字は筆者の机上の試算であり、具体的な根拠はないので数値の置き方によって結果は大きくぶれるが、世界の現状から見ればかなり「控え目」の予測である。いずれにせよ、LCCが将来の日本の航空を大きき

く左右する存在になることは確かだ。

だが、航空政策の根幹を司る国交省が、将来のＬＣＣ輸送の予測値を持っていないのは残念なことだ。

## 押し寄せる海外からのＬＣＣ

実は、日本に初めて就航したＬＣＣは、ジェットスターである。２００７（平成19）年にシドニーからブリスベンを経由し、関空に乗り入れた。キャンペーン運賃の往復2万円で発売したのだが、国交省から直ちに中止させられた。当時の日本は国際航空を自由化しておらず、日本発着運賃を規制していた「30％ルール」（価格の下限をＩＡＴＡの周遊回遊運賃の30％とする）によれば、最低価格は6万円にしなければならなかった。だが、同じ路線をフル・サービス・キャリアのＪＡＬが6万５０００円で販売しており、５０００円の差ではＬＣＣとして対抗できないとし、数カ月で撤退している。

その後、２００７年から航空自由化に舵を取った国交省は、航空協定の条文から運賃の値崩れを防ぐための条項である「ＩＡＴＡ運賃の順守」を外し、２００８年1月28日に「30％ルール」の廃止を通達した。また、各国と結ぶ航空協定において、「オープンスカイ」政策の導入で合意が

2010年12月に羽田～クアラルンプール線を開設したエアアジアX

できた国とは運賃の自由化を認め、「両国政府の認可」条件を外している。

国際線では、すでにオーストラリア、フィリピン、マレーシア、韓国、香港、中国、シンガポールからＬＣＣが日本に飛来。日韓間の乗客の５人に１人はＬＣＣを利用しており、今後も就航社は続々と増えそうだ。

首都圏で注目を集めたのが、２０１０年に茨城空港に就航した中国の春秋航空だった。上海まで片道４０００円のキャンペーン運賃が巷で話題になり、「ＬＣＣ」への理解が進んだ。これにより春秋航空は日本でも一躍有名になり、各地の自治体から勧誘が相次ぎ、高松、佐賀、関空にも乗り入れている。

続いて２０１０年12月には、羽田にクアラルンプールからエアアジアＸが乗り入れ、４５８０円のキャンペーン運賃を販売した。羽田空港には、国内ＬＣＣの乗り入れは認められていないが、海外社ではエアアジアＸと香港エクスプレス航空が就航している。これは、空港の発着枠が個別キャリアではなく国に対して認められるためであり、相手国の判断でLCCのキャリアも使用できるためだ。

今後、このような形で大挙して日本に押し寄せて来そうなのがフィリピンのLCCだ。これまではセブ・パシフィック航空のみが週3便で就航していたが、2013年に日本とオープンスカイ協定を締結したことを受け、これからは空港の発着枠さえ確保できればいくらでも就航できるので、日本路線の開設計画が目白押しだという。

## LCCは最新のビジネスモデル

LCCは「徹底的なコストカットで実現した」と誤解されがちだが、レガシーキャリアがコストを削減するだけでは、LCCにはなれない。LCCは最新のビジネスモデルに基づいて経営されているのだ。そのおおまかな特徴として「ノンフリル・サービス」「コストの削減」「高い生産性」などがあげられる。

これらについて述べる前に、まずは航空輸送におけるサービス提供やクラス設置の流れについて触れておこう。

航空輸送の歴史はまだ1世紀ほどにしかならないが、運航開始当初は「金持ち」のための乗り物だった。いかに安全性を確保し、過酷な自然条件（寒さ、揺れなど）を緩和できるかが航空各社の最大の課題であり、運賃の高さは二の次だったのだ。

その後の技術の進歩により、航空機の積載量が増え、飛行時間も長くなった。飛行時間が長くなれば、飲み物や食事、娯楽設備のほか、幼児や老人への配慮も必要になる。そこで各社は機内でのサービスの提供を開始。さらに、より多くの乗客を獲得するために低価格の下級クラス（当初は「ツーリストクラス」、後の「エコノミークラス」）を設けた。上級クラスとの差は、価格以外に座席の居住性とサービスの違いしかないが、座席の差別化には限界がある。そこで、クラスが下がるほど制約を増やし、サービスを薄くすることで差別化を図った。しかし、乗客が望むさまざまなニーズを取り込みながらサービスの質の差だけで2ないし3クラスに分けること自体に、もともと無理があった。鉄道における新幹線や特急のように、高い運賃を払えば早く到着するような芸当もできないので、提供できるサービスにも限界があるのだ。

さらに問題は、乗客に個々のサービスを選択できる余地がなく、すべてパッケージ化されていることにある。運賃のランクを選択すると座席とサービスが自動的に決められてしまうので、「機内食はいらないから、ゆったりしたシートが欲しい」、「シートは安くとも最高の食事を食べたい」といった要望はかなえられない。選択肢は金額だけで、不要なサービスは権利放棄するだけだ。

## サービスを単品売り

そもそも、航空輸送の運賃・サービスをパッケージ化するといった考え方は、海運の慣習からきている。海運ではクラスを選択すると、部屋のグレードから船内持ち込みの手荷物の量、食事、付帯サービスなどすべてがパッケージになっている。航空も海運同様で、運賃を払えば、座席指定、予約変更をはじめ、料理や飲み物、娯楽品、毛布、地上ラウンジなどがすべて無料で提供され、超過手荷物以外の追加料金は請求されなかった。

レストランでの食事にたとえるならば、コース料理（定食）専門なのである。だが、機内食を辞退しても、サービスを利用しなくとも、返金してくれることはない。アルコールの飲めない乗客も、何杯もお代わりを重ねる乗客も同運賃だ。つまり、FSCは、サービスをフルに享受する乗客には心地の良い乗り物なのだが、運賃以外の余分なサービスを必要としない乗客には、過剰なコストが負担させられていることになる。

こういった従来の運賃・サービスのパッケージに対し、LCCは違う手法をとった。サービスをふるいにかけて「必要なもの」と「不要なもの」に選別し、さらに、残すべきサービスを「有料」と「無料」に選別したのだ。基本のシート代金を支払い、必要なサービスを追加で購入する仕組みなので、アラカルト（1品）料理店と考えると理解しやすい。このようなLCCのサービスは「余分な（フリル）サービスをしない」との意味から、「ノンフリル・サービス」と呼ばれる。乗客にはサービスを取捨選択する権利が与えられ、LCCはコスト削減に成功した。

その結果、LCCは「安い運賃」を実現。一般乗客は、同様のサービスであれば安い運賃のキャリアを選択するのはもちろんだが、多少サービス面が劣っていても、運賃が大幅に安ければそのキャリアを選択した。新参者で実績がなくとも、運賃が格安であれば、乗客は殺到したのである。

LCCが次に求めたのは、「生産性を高めること」だった。端的な例が航空機の折り返し時間の短縮だ。それまで目的地で約1時間かけていた準備・整備を15～20分で終わらせ、すぐに折り返すことで、航空機の稼働時間を増やした。このように、同じ価格の機体の稼働率を高め、飛行時間を伸ばせばフライト当たりのコストは下がる。パイロットの賃金も同様で、同じ年収のパイロットでも、勤務時間数が増えれば、単価を下げることができるのだ。

このように、運賃は、輸送のための基本運賃とサービスごとの料金の合計で構成される。LCCのビジネスモデルは、①輸送コストを徹底的に削減し、②輸送の生産性を極限にまで高め、③サービスを分解して廃止または有料化した、ことで確立されたのである。

## 「ゲーム理論」で経営

これまでの公共交通は、いつ、誰が、どこで利用しても同じ運賃・サービスが適用される「公平・平等」の原則に基づいていた。しかし、今やその原則は過去のものとなり、さまざまな割引運賃、サービス形態へと変化しつつある。なかでもLCCは、状況によって「運賃が複数かつ変動する」のが基本だ。条件に合致すれば安く利用できるのに対して、条件にそぐわなければ高い運賃が適用されるので、「ゲーム理論」で決まる交通機関だと言える。

航空業界には需要の季節変動があり、既存社の経営モデルでは、高い搭乗率が見込める夏休みなどの繁忙期に値引きを抑えてしっかり儲け、閑散期に発生する赤字をカバーする構造になっている。

一方、値引き幅が大きいLCCは「薄利多売」を維持できないと経営が成り立たないため、時季や時間帯によって複数の運賃を用意し、予約状況や競合社の運賃設定動向によって運賃を変動させて競争力を維持する。予約が少ない場合や他社よりも運賃が高い場合には、運賃を下げて薄利ながら搭乗率を高めて利益を出し、予約が埋まってくると、運賃を上げて高い運賃でも購入してくれる乗客に的を絞る。

このような「変動する複数運賃」が経営に寄与するのは、飛行前に収益を改善できる手立てがあるからだ。以前のFSCの経営モデルでは、飛行が完了しないと収支は分からなかったが、「変動運賃」を導入すれば途中で改善策がいくらでも取れる。

また、LCCは公共交通としての責任感が薄く、地域に貢献するとの意識はない。乗客が増えて地域が活性すれば、地元と「ウィンウィン」の関係を築けるが、採算に見合う乗客を集められなければすぐに撤退するし、ましてや「時間をかけて需要を開拓する」というような悠長な経営手法はとらない。集客できる路線にはどんどん資源を投入し、見込みがなければすぐに撤退するといったドライな経営感覚がLCCの特性でもある。

## 先に「残る座席」をたたき売る

LCCを利用する最大のメリットは、運賃の画期的な安さにある。運賃に大きなメリハリをつけることで、「桁違いの安さ」を生み出す。「桁違いの安さ」をアピールして利用者を引き付けるのだが、その運賃の秘密は「売れ残りそうな座席」を先に処分販売することにある。

一般のビジネスでは、「売れ残った」商品を大幅値引きして在庫を処分するのが一般的だが、航空の世界では、航空機が離陸してしまえば残った座席はどうやっても販売できない。ところがLCCは、「売れ残る座席」を格安運賃で先に処分販売するだけでなく、思い切った処分価格を宣伝に使って、メインの座席販売に結び付けるのである。

ポイントは、「売れ残りそうな座席」を正確にはじき出すことだ。それはすぐに分かることはなく、コンピューターを駆使して毎日、毎週、毎月、毎年、検証を繰り返すことで予測精度が高められる。このようにして割り出された「売れ残りそうな座席」を先にたたき売るのだが、「処分価格」はコストとは関係なく、いかにアピールできるかという観点で決められる。つまり、この価格で購入できれば掛け値なしにハッピーな乗客になれるのだ。

サウスウエストは、安い運賃で販売した回送便に殺到する乗客を見てＬＣＣ事業確立のヒントをつかんだ。航空自由化以前からローカル航空を営んでいた同社は、最終便の運航後の回送費用を少しでも回収できれば「御の字」と考えて格安運賃で販売。すると、深夜の時間帯にもかかわらず、多くの乗客が固定客となって利用してくれたのである。

同社は、運賃が安ければ、多少の不便さを厭《いと》わない乗客がいかに多いかを知ることができた。「格安価格であれば、購入する利用者が増加する」ことは、経営者であれば誰もが理解できる事象だが、その価格で採算が採れるようにビジネスモデルを作ろうと考えたところが、非凡なセンスだ。

## インターネット中心の販売

ＬＣＣではインターネットによる直接販売を基本にしており、代理店での販売を見送ったり、電話オペレーターによる予約・販売には手数料を課すキャリアさえある。

従来、航空券を販売していたのは、航空会社自身だった。フライトの発着地や近くの都市に営業拠点を構え、個々に販売していた。昔は、市内の目抜き通りに航空会社の立派なオフィスがあったものだ。

供給座席が増えてくると、代理店や旅行会社に手数料を支払って航空券を販売してもらうようになった。旅行会社は個人だけでなく団体旅行や、パッケージツアーも販売するようになり、代理店販売の割合が大きく増えた。

だが、旅行会社は旅程を手配する際に航空各社のフライト情報を照会・手配する必要があり、システムの導入、運用、プログラムの開発に対する巨額の投資が行われたが、さらに、旅行に付随する宿泊、レンタカー、娯楽施設も取り扱うようになると大容量の大型コンピューターと多数の電話オペレーターが必要になり、販売経費や手数料も増加した。

ＬＣＣは、これらＦＳＣの辿った轍《てつ》を踏まないよう、販売手数料の必要な代理店販売を行わず、利用者への直接販売を基本にしている。座席予約システムは航空券の販売に必要な機能に絞って最小限の規模に抑え、インターネットと接続して利用者が直接手配できるようにした。しかも、オペレーターの費用がかかるコールセンターでの受け付けは有料にすることで、利用を絞っている。したがって、販売を円滑に行うには、いかに使いやすいサイトを作り出せるかが要になる。

## 新たな習慣付けができるか

ＬＣＣにとって重要な課題は、新規需要をどれだけ呼び込めるかである。もちろん、既存社の需要を食うことも重要なのだが、同じ航空利用者からの移行だけでは、求めている需要を満たすことができない。

米国では航空自由化以降、10年間で国内での輸送量が１・５億人から４・５億人へと３倍になった。ＬＣＣの参入で、ＦＳＣを含む全体の運賃が大幅に低下し、新たな旅行需要が誘発されたこともあるが、それ以上に多かったのが、長距離バスや自家用車などからの乗り換え需要だ。サウスウエストの経営幹部は、「われわれの最大のライバルは、航空他社ではなく、高速バスだ」と明言している。

欧州では、ＬＣＣが新規需要を開拓し、人々のライフスタイルを変えた実例が数多く報告されている。たとえばイギリスでは、週末にフランスへオペラ観劇に行ったり、別荘を購入してパリ郊外での田舎生活を楽しんだりする人が増えた。さらに、興味深い例では、医療費の高さを敬遠したロンドン市民が、医療費が安くて技術がしっかりしているポーランドに歯の治療に出かけているという。

また、筆者の実体験から言っても、ＬＣＣで韓国に行ったときには化粧品の買い出しに行く奥様グループに、大阪に戻ったときには週末を利用して大阪旅行に出かける韓国の女子大生グループに遭遇した。これらの例は、いずれも安いＬＣＣの誕生によって生まれた動きであり、ＦＳＣ全盛期ではありえなかったことだ。

ＬＣＣに関する新聞の特集記事には、「航空運賃が安いので、思い切って北海道まで出かけようとの気持ちになった」「実家への里帰りを年2回できそうだ」「遠距離の孫の顔を見に行く頻度も2、3倍に増やせる」など、利用者の肯定的な意見が並んだ。また、テレビのインタビューに登場したシニア男性は、「最近の旅行は、ＬＣＣで安い運賃をゲットできたところに行くことにしている」と語っており、これもＬＣＣの特性が生み出した新たな旅習慣のひとつと言える。ピーチによれば、初めて航空機に乗る人は1割程度いるのではないか、とのことだ。

さらに、ＬＣＣでの海外旅行者には、リピーターが多いとの分析もある。旅行価格が高いと、何度も出かけられないので目的地は分散する傾向にあるが、航空運賃が安ければ、気に入った場所に何回も行けるからだ。すでに、北海道のスキー場では、夏の豪州からやってくるスキー客のリピーターが増えており、別荘を購入しているオーストラリア人も少なからずいる。

ＬＣＣが公共交通機関として定着・発展していくためには、新規需要の開拓と、ＬＣＣの利用が人々の新たな生活習慣の一部になっていくことが不可欠である。今後、日本人の嗜好やライフスタイル、社会的要請などに合致した利用事例が増えていけば、ＬＣＣは安くて便利な移動手段として日本でも定着・発展していくだろう。

## 経営の黒字化には苦心

運賃を他社より安くすれば乗客が集まることは明白だが、低価格を継続させることが難しい。１９７７（昭和52）年に大西洋線でＬＣＣを就航させたスカイトレインは、欧米の老舗キャリア連合による対抗値下げで撃墜され、１９８１年に米国内線でスタートしたピープル・エキスプレスは、アメリカン航空が開発した「複数運賃」に敗れて姿を消した。

いずれも単純な運賃制度と原始的な予約方法がアキレス腱となり、大手の総合力に打ち勝つことができなかった。圧倒的な安さを維持できていれば強みになるが、「単一運賃」であれば、他社運賃との差異が小さくなってくると競争力が急速に落ちる。

日本でも、スカイマークとエア・ドゥが「大手の4割引き」で参入した当初は強い競争力を発揮したが、大手が狙い撃ちしたことで競争力を失い、経営が傾いた。両社便の前後の時間帯だけに同値の運賃をぶつけたのだ（価格の「マッチング」）。残念ながらスカイマークとエア・ドゥには、さらなる値下げに踏み切る体力はなかった。しかし、これを契機に日本でも「マッチング」は禁止された。

LCCのビジネスモデルを構築したのは、米国のサウスウエストだ。これまで述べてきた「コストの削減」「ノンフリル・サービス」「高い生産性」を実現した上で、「複数運賃」「変動運賃」を取り込んだ。

サウスウエストモデルは良くできており、LCC各社はこれに基づいた経営で快進撃を重ね、FSCを慌てさせる結果となった。そこで、防戦一方だったFSCは、自らの傘下に設立したLCC（レガシー・ベイビー）で新規参入のLCCに対抗しようとした。

米国では主要社が試みたが、経営方針が中途半端で、すべて失敗に終わった。欧州ではブリティッシュ・エアウェイズ（BA）の「GO」や、KLMオランダ航空の「BUZZ」などは成功したが、本体の業績に陰りが見えると、LCCが親会社の市場を食っているのではないかとの疑念が高まり、ルフトハンザ以外は事業を手放してしまった。アジアでは、レガシー・ベイビーながらカンタスのジェットスター、SQのタイガーとスクートが成功している。

これらの状況から言えることは、①子会社だからと言って経営トップと機材の使い回しはアダになる、②FSCの経験はLCC運営の妨げになることが多いので、LCCの経営トップは航空業界の常識にとらわれない人物が好ましい、③本体とのカニバリゼーション（共食い）を恐れるとレガシー・ベイビーの経営は成立しない、ということだ。

2013（平成25）年までに誕生した日本のLCCは、すべてレガシー・ベイビーであるが、経営面ではピーチのみが順調で、残りの2社は苦戦している。もちろん、航空事業は初期の投資額が大きく、事業開始年度から黒字になることはあり得ないが、2012年度決算では、ピーチが売上高144億円、赤字12億円に対し、ジェットスターJは売上高128億円で赤字が88億円、エアアジアJは売上高35億円に対して赤字36億円との結果になった。ピーチは計画よりも早い創業3年で黒字が見えてきたが、他の2社は累積赤字を解消するのが大変である。ジェットスターJは急ピッチな機材の増強が裏目に出て保有機を十分に稼働できず（後述）、エアアジアJは低い搭乗率が致命的となった。

LCCの経営を黒字に転換するには、広範な認知、成長に対応できる機材の調達、機材をフルに活用できる乗員と整備士の確保、採算のとれる運賃政策、高い搭乗率などがすべて必要なのだが、ＬＣＣの成長テンポはものすごく速いので、経営にも的確な判断だけでなく、スピードが要求される。

## 【各景①】「ジャパン・クオリティ」で成功したピーチ

ピーチは、ＡＮＡホールディングスが38・67％出資し、香港の投資会社ファーストイースタン・インベストメントグループ、官民出資の投資ファンド産業革新機構とともに立ち上げた日本初の本格的ＬＣＣ。ＡＮＡのアジア戦略室でビジネスモデル・コンセプトをまとめた井上慎一が社長に就任している。ただし、ＡＮＡの子会社ではあるが、ＡＮＡの業務・サービスとはまったく切り離されており、マイレージも適用外だ。資本金は１５０億5万円、従業員数５７４名（運航乗務員１１０名、客室乗務員２１５名、地上職２４９名）、保有機12機（２０１４年5月現在）。

２０１２（平成24）年3月、関空を拠点にエアバスＡ３２０（１８０席）で、国内線に就航。関空は24時間空港で運用の時間制限もないことから、欠航率は０・96％と低く、定時就航率も81・26％と高い（２０１２年度）。関空からは、新千歳、仙台、成田、松山、福岡、長崎、鹿児島、那覇、石垣島、ソウル（仁川）、釜山、台北（桃園）、高雄、香港へ、第2拠点の那覇からは台北、石垣島、福岡（２０１４年7月より）へ就航している。

これまでのところ、ピーチの戦略はすべて成功している。もちろん、事前に戦略が十分に練られていることや、ぶち当たった課題に柔軟に対応していることも成功の理由としてあげられるが、いくつかのツキにも恵まれているのも確かだ。日本のＬＣＣのなかでは間違いなく「勝ち組」だ。

ピーチのサービスの基本は、「日本のＬＣＣならではのクオリティの提供」で、単に運賃が安いだけでなく、①キーワード「クール・ジャパン」に象徴される洗練されたセンス、②独自サービス、③従来の論理にとらわれない合理的なサービス、④清潔感、を心がけるという。

サービスコンセプトは、「空飛ぶ電車」と説明されている。「サービス内容がこれまでの航空よりも、電車に近い」からで、機内では飲み物サービスはなく、鉄道のように飲料や軽食をワゴンサービスで販売する。日本で初めての事業であるだけにコンセプトは「分かりやすさ」が重要だが、電車となれば誰でも理解しやすいだろう。ちなみに、ワゴンで販売される機内食は、女性従業員が積極的にアイデアを出して開発したものだ。「いかに売れるものにするか」ではなく、自分が欲しい商品の開発を目指した結果、乗客は「空腹を満たすため」ではなく、「乗った記念に」「話題の先取り」として機内食を注文している。ピーチブランドが浸透するだけでなく、付加価値の高い魅力的なものになっているのは素晴らしいことだ。

「女性を意識した楽しいエアライン」というイメージづくりも支持を得た。ともすれば、ＬＣＣ

創業3年で黒字が見えてきたピーチ・アビエーション

はムダのない、ギスギスした印象になりがちだが、ピーチは、ソフトムードでしゃれた印象もあり、誰もが利用してみたくなる。

また、他のＬＣＣと比較して目立つのが、チェックイン時のサポートだ。多くのＬＣＣではコスト削減のため、チェックイン時に乗客の自助努力が求められる。ところがピーチは、利用者が初めてのチェックイン操作に戸惑っていると見るや、大勢のスタッフを繰り出して積極的にサポートを行っている。ＬＣＣを定着させるには、まず自社のシステムに慣れてもらうことが重要と判断したためだ。

ブランド名になった「桃」は、日本や中国で縁起物とされ、新鮮さやかわいらしさの象徴だ。「今までにないまったく新しいエアラインとしてのイメージを築く」ために、既存キャリアが使っていない濃いピンクとフレーシア（紫色がかったピンク）のツートンカラーを採用。機体も客室乗務員の制服もピンク系なので、ポロシャツ姿のスカイマークに比べて華やかな印象だ。

さらに、ピーチの成功理由として大きいのが拠点空港に関空を選択したことだ。関空は24時間空港で運用時間に制約がない上に、新規就航社への助成が厚く、外郭団体からの補助金を加えると、最初の3年間は着陸料が無料になる。さらに、成田よりも西にあることで、飛行時間4時間でカバーできる目的地がはるかに多いのである。

そのほか、「PR」「路線展開」「雇用・人事」などでも成功している。もちろんその背景には、原案を作成したANAアジア戦略室で研究立案が十分に行われ、作成責任者が実際の経営トップに就いたという経緯もあるが、大きいのはCEO井上慎一のリーダーシップと柔軟性にあると思う。

LCCの経営には、カリスマ経営者のトップダウンによる「ピラミッド型経営」と、フラットな組織ながらトップの経営哲学が浸透している「平原型経営」が存在するが、井上は後者の平原型だ。

ピーチは社長室を設けておらず、井上は大部屋で仕事をこなしている。しかも、自らオフィスの掃除当番に加わるなど社長としての威厳を放棄しているかのように見えるのだが、スタッフの話に耳を傾け、良い提案を採用・実践したり、アドバイザーの意見を尊重することで成果を上げている。これまでのANAでの体験や常識にとらわれず、リーダーシップを発揮しながら上手くスタッフの持ち味とやる気を引き出しているようだ。

初年度は5機で国内線から立ち上げたピーチ。事業計画では、就航開始から3年で単年度黒字化、5年後には従業員を1000人に増やし、保有する16～20機で年間600万人を輸送し、累積赤字の一掃を目指していたが、1年前倒しで実現できそうだ。ただ、中期的に東南アジアの他国で考えていたフランチャイズ化構想は難しくなってきた。LCCの空白地域だった香港、台湾にも、現地資本のLCCが就航したので、参入の余地が少なくなったからだ。

さしあたってピーチには死角がないように思われていたのだが、2014年4月末に乗員問題がアキレス腱であることが露呈した。1つは機長の確保が予定どおりに進まず、2014年夏の増便をほぼ諦めなければならない事態に陥っている。計画では、4～7月に保有機が2機増えるので、10月末までに機長を10名増やし62名体制にするはずだったのだが、採用が思うようにできなかったばかりか、在籍者のなかから8名の病欠者が発生してしまった。その結果、5～10月に増便を予定していた最大約2000便の運航を取りやめる。

さらに、4月28日に那覇空港に着陸しようとした機体で、アルゼンチン国籍の機長が管制官の指示を聞き間違えて異常降下し、海面から75mまで近づいたために警報装置が作動した。同機長は事態の認識が甘く、規定に反して会社に警報装置の作動を報告せず、次のフライトをそのまま運航した。一連の行動に対して、国は「事故につながりかねない重大インシデント」にあたるとして社内監査を実施し、社内の連絡体制に不備があるとして、文書で是正指示を行ったため、ピーチに対する社会の目は厳しくなっている。

## 【各景②】整備体制が後手に回るジェットスターJ

豪州で成功したジェットスターのビジネスモデルをベースに、ピーチの4カ月遅れとなる2012(平成24)年7月に誕生したジェットスターJ。成田を拠点に、A320で新千歳、福岡、那覇に就航した。現在は、中部、関空、高松、松山、大分、鹿児島を加えた10都市に乗り入れている。資本金は230億円、従業員は623名、保有機は国内LCCとしては最大の18機。欠航率は2・54%、定時運航率は80・23%(2012年度)だ。

ジェットスターの親会社カンタス航空、同じアライアンスメンバーのJAL、三菱商事が合弁で設立し、資本には機材をリースする東京センチュリーリースも加わっている。テーマカラーはオレンジとブラックで、銀色の機体後方に黒文字で「Jet」の文字とオレンジの星マークが描かれている。

LCCでは珍しく積極的に広告を展開しており、スターを表現するために登場人物が「大の字」

整備体制の確立に取り組むジェットスターJ

に飛び上がるポーズが、キービジュアルになっている。イメージモデルにタレントのベッキーを起用したことで、若い女性を取り込むことに成功した（2014年2月からは女優の桐谷美玲に変更）。「他社よりも安い運賃を提供する」と、最低価格保証（プライス・ビート・ギャランティー）を約束している。

マーケティング、機材調達、運航はジェットスター主導で、LCC事業に消極的なJALはサポートする形で運営が行われた。使用機を2年半で24機に増やす計画だったため、2012年後半からはA320がほぼ毎月1機のペースで日本に到着した。また、拠点の成田では運用時間の制約（緊急時を除き23〜6時の発着が禁止）が足かせになることから、2012年秋には第2の拠点を関空に設け、ネットワークを飛躍的に拡大させる計画を立てた。

ところが、整備スタッフの調達が間に合わず、2012年

11月には、必要な整備経験を満たしていない整備士2名に責任者としての最終チェックを任せていたことが発覚し、規定違反で国交省から厳重注意処分を受けた。

社内規定では、最終確認のできる責任者は、他社で確認主任を3年以上経験している者に限られていたにもかかわらず、1人は6カ月、もう1人は1年8カ月しか経験がなかった。国交省は、実際に資格を満たしていない2人にチェックを任せていたことと、事態を把握してなかった管理体制に問題があるとして、原因調査と改善計画の報告を求めた。これを受け、ジェットスターJは関空の「第二拠点化」（乗員・整備士など80名体制）を先送りし、整備体制の改善に乗り出したのだが、毎月到着する機材の受け入れに追われ、十分な整備体制が構築できていなかった。

さらに2013年9月末には、A320の水平尾翼の駆動装置の点検を一部怠っていたことが検査記録をチェックした検査官によって発覚。18便が欠航する事態を招いた。この件でも厳重注意処分を再度受け、機材の調達ピッチをスローダウンするとともに、関空の第2拠点化と国際線への進出計画を先送りした。どうやら、ジェットスターの本社は日本の安全基準を甘く見ていたようだ。

これによって、ジェットスターJはハイペースで到着する機材を十分に活用できず、2013年度末時点で保有する18機中、稼働しているのは13機にとどまる。また、関空発着便を維持するために、早朝に成田から関空へ回送を兼ねた便を飛ばさなければならないなどの無駄が生じ、就航初年度は88億円の赤字決算（2013年6月期）となってしまった。通常であれば、初年度にこれだけの赤字を計上すれば、撤退も考えるものだが、日本市場に対するジェットスターの注力は相当なもので、ジェットスターとJALが110億円の増資を行った（現在の資本金は230億円）。しかし近年、親会社のカンタスの経営不振が深刻化しており、グループ全体の事業再編につながる可能性もある。

目前の課題は整備体制の確立だ。事の重大さを悟ったジェットスターJはJALに支援を要請し、6名の整備員が応援に入った。関空基地を6月12日から稼働させて国内ネットワークを拡張し、2014年末には国際線への就航を目論む。ただ、事業規模が順調に拡大しても、88億円の赤字を解消するには3〜4年かかるのではないだろうか。

## 【各景③】再挑戦で巻き返すバニラ・エア

ANAがエアアジアと組んで2012（平成24）年8月に事業を開始したエアアジアJだが、1年も経たないうちに破談になってしまった。そこでANAは、エアアジアの保有株をすべて引き取って100％子会社化し、2013年11月に社名を「バニラ・エア」に変更して再出発した。

引き続き成田空港を拠点とし、目的地をレジャー・リゾート地に絞った国際観光路線を中心に就航する。社長は、ANA出身でエア・ドゥへの出向経験も持つ石井知祥《とものり》。2015年度での黒字化を目標にしている。

話をいったん2012年に戻そう。先行したLCC、ピーチとジェットスターJの2社は比較的順調に集客でき、ネットワークの拡大も進んだが、エアアジアJはつまずいた。

世界で最も低い運航コストで「最強のLCC」と恐れられているエアアジアのビジネスモデルを引っ提げての登場だけに、すぐにトップランナーに躍り出ると思われたが、利用率が低迷し、使用機もスムーズに増えなかった。エアアジアのやり方が日本の消費者にスムーズに受け入れられなかったこともあるが、最大の問題は、老舗キャリアのANAと、新興LCCの風雲児との思惑があまりにもかけ離れていたために、両社の関係が当初からギクシャクしていたからだ。

エアアジアサイドは、アジア最大の市場であり運賃水準も高止まりしている日本の国内市場に参入できる絶好のチャンスと考え、期待を膨らませていた。合弁事業ではあるものの、日本企業としての権益を使えば中国～米国路線を開設できるので、膨大な数が期待できる中国人観光客をハワイに運べるとの構想まで描いていた。

一方のANAは、合弁事業に乗り出す理由を「エアアジアのノウハウを活かして、最短時間で

ＬＣＣ事業を軌道に乗せるため」（伊東信一郎ＡＮＡ社長＝当時）と説明していたが、真の狙いは、エアアジアが国内市場で「暴れ馬」にならないよう、自らが手綱を取ることだった。ＡＮＡ本体に影響が及ばないように活動範囲を限定し、２０１３年春から大幅に上積みされた成田空港の発着枠が他社に流れることを少しでも防ぐなど、「防御」するつもりだったのだ。

ビジネスモデル、機材はエアアジア側から提供されたが、運航に必要な当局との折衝・手続き面はＡＮＡサイドで行われた。エアアジアは制約なしのスタートダッシュで最大シェアの獲得を目論んだが、ＡＮＡは本体やピーチとの棲み分けを望み、互いに相容れない状態でのスタートになった。運航は２０１２年８月に開始したものの、ＬＣＣにとって生命線である利用率は上がらなかった。エアアジアには、高いコストはＡＮＡの「怠慢」の結果と映ったが、ＡＮＡは販売不振の原因を「エアアジアの販売手法とシステムが日本市場で受け入れられない」とし、日本の顧客が使いやすくなるような改善を要求した。

結果として、就航からたった10カ月後の２０１３年６月に合弁ビジネスは破談。ＡＮＡは穏便に解決しようと、エアアジアが保有するエアアジアＪの株式を全面的に引き取った。そして自社でコントロールできるＬＣＣ子会社として、「開拓余地の大きい国際線中心のＬＣＣキャリア」に衣替えをし、同12月にバニラエアとして再スタートしたのである。

企業コンセプトは、「シンプル」「エクセレント」「ニューベーシック」。航空券の購入から搭乗まで、シンプルで分かりやすいことを心がけ、特徴のあるサービスとおもてなしの心で味付けし、利用者の安心、満足につなげる。特にエアアジアJで「分かりにくい」との評価を受けたウェブサイトは、抜本的に改良したという。企業の印象としては、エアアジアJの「派手、奔放」のイメージから一転、「質素、清潔感」を感じる航空会社に生まれ変わった。

再出発までの準備期間はわずか2カ月しかなく、2013年12月20日の就航日には機材が2機しか間に合わなかったことから、便数も1日2便に限られていたが、2014年度からは8機に増やして、国内2路線（新千歳、那覇）7便、国際2路線（台北、ソウル）6便を運航。将来的にはグアム、サイパンなどにも就航する。

運賃体系は、予約変更、払い戻し、座席指定が可能なパック運賃「コミコミバニラ」と、基本運賃のみの「シンプルバニラ」に分けられ、キャンペーン運賃として「わくわくバニラ」を随時投入する。予約の変更は、国内線が出発時刻の40分前まで、国際線が60分前までで、手数料（「コミコミバニラ」は500円、「シンプルバニラ」は2000円）を払えば何度でも可能だ。

バニラエアが強調しているのが、預託手荷物を20kgまで無料（「わくわくバニラ」を除く）にしていることだ。付帯運賃が収入の重要な要素になっているLCCとしては珍しい。また、チェッ

運航品質の向上にも力を注ぐバニラエア

クインの締切時間を10分繰り下げ、国際線は50分、国内線は30分前までとした。

機材は、新造機とＡＮＡからのリースで賄うか、運航開始当初の2機から２０１３年度末には6機へ増やし、２０１４年度末には8機、２０１５年9月末には10機に増やす予定だ。運航品質の向上にも力を入れ、エアアジアＪ時代の定時出発率78・7％、欠航率１・７％（２０１３年４～６月）から、定時出発率85％以上、欠航率１％以下を目指している。また、インターネット以外の販路も重視し、電話受付や旅行会社での販売を積極的に行っているほか、キャンセルの条件を緩和することで旅行会社のツアー商品への組み込みにも採用されやすくしている。

36億円の赤字は重いが、ＡＮＡとしては、１００％子会社であることからマーケティングを本体と一体化する。高いコストの本体では採算に乗らない成田発着の国内線、近距離国際線、国際リゾート路線などに就航させ、ソウル線も羽田発着は本体で、成田発着はバニラとの棲み分けが行われている。

ＡＮＡの後ろ盾があるだけに、当面の財政的懸念はないが、アクの強いＬＣＣ業界で戦い抜くには、個性とアピール力が弱い。他社との比較のなかで、絶えず意識されるような企業イメージをいかに消費者の脳裏に植え付けるかが、当面の課題だ。

## 【各景④】意気込みが凄い春秋航空日本

中国のＬＣＣ春秋航空傘下の春秋航空日本（ワン・ウェイ会長）は、２０１３（平成25）年９月に事業認可の申請を行い、同12月に国交省から認可が下りた。合弁のパートナーが日系航空会社でないことから、事業認可取得は難しいのではないかと見られていたが、社長に国交省ＯＢの鵜飼博氏を起用し、認可にこぎ着けた。

２０１４年６月27日から成田空港を拠点として、広島、高松、佐賀線に１日２便が就航する。高松、佐賀にはすでに春秋航空が乗り入れているが、５年以内に中国人を中心に訪日客年間30万人を輸送し、国内を周遊させる計画だ。国内運賃は広島線５６９０円～、高松５６３０円～、佐賀線５７００円～と大手の半額を目指し、７月からは新千歳、年内には福岡線を開設し、将来は中部、広島、長崎、台北、シンガポールなど東南アジア線も開設するという。

機材は、日本進出のために新たに導入するＢ７３７―８００で、シートピッチが若干広い「スプリングプラス」と普通席の2クラス制となり、定員は189席だ。初年は3機だが、5年後には20機への増強を予定している。また、パイロットはJAL退職者などの日本人が中心だ。

認可の下りた時点で、資本は4倍の60億円に増資されたが、日本では航空輸送は外資規制の対象になっているため、「相方」が注目されていた。結果としては、輸送業で相方を見つけるのは難しかったようで、60億円の資本構成は、春秋本体33％、日本の投資ファンドのスカイスターファイナンシャルマネジメント31％、パチスロメーカーの山佐25％、アイビスＬＣＣ投資事業組合6％、春秋航空日本投資事業有限責任組合3％、ＳＭＢＣベンチャーキャピタル1号投資事業有限責任組合2％となっている。

だが、この資本構成は非輸送業と投資ファンド（春秋のために設立されたものを含む）が3分の2を占めるいびつな構成で、これで人の命を預かる航空事業が認可されたことには大いに疑問が残る。

認可の際にクリアすべき法律が「航空法」だ。安全な航空輸送の要件などを定めているほか、安全保障や産業政策に重要な位置付けにある航空輸送が国外の力でコントロールされないように、外国人による株式の保有を制限している。しかし、31％を占める第2位の株主・スカイスターは、もともと大学や研究機関の研究成果を事業化するためのベンチャー基金であり、25％を占める第

3位の山佐同様、まったく輸送業に関与してこなかった事業主である。そしてアイビスＬＣＣ投資事業組合、春秋航空日本事業有限責任組合、ＳＭＢＣベンチャーキャピタル1号投資事業有限責任組合は、明らかにこの事業のために便宜的に設立された投資ファンドだ。このような資金が資本として認められるのであれば、外国資本が外国籍の資金をファンドでロンダリング（洗浄）して日本国籍を装うことが、いくらでも可能になる。

しかも、さまざまな出資者、日中にまたがる事業を取り仕切るＣＥＯは株式を保有しておらず、資本の裏付けのない社長なのだ。これでは、安心して命を預けられない。明らかに、外国資本である春秋ペースの事業実態だ。このような外資規制をクリアするための便宜的な資本構成で審査が通るのであれば、日本の外資規制は抜け穴だらけで、実効性がないと言われても仕方がない。

一方で、春秋の意気込みは大したものだ。本国のビジネスモデルを引っ提げて日本市場に出先を作るのではなく、完全な別会社にした。通常であれば、機材も本国で使用しているエアバスＡ３２０を持ってくれれば効率が良いのだが、日本向けにはあえてボーイング７３７を採用した。日本ではＢ７３７の方がパイロットの調達がしやすいとの理由だが、事業を失敗に終わらせないという「不退転」の強い決意を感じる。

## 【各景⑤】第三国から日本市場を狙う海外社

海外の航空会社から見た日本市場は、バラの花園だ。国内市場の大きさはアジア最大であり、首都圏空港の国際線は競合が少なく、運賃水準も高いからだ。また「円」が強いことで、円貨で得た収入は自国での価値が高いことも魅力だ。

日本がオープンスカイ政策を進めた結果、第三国は日本市場へアプローチしやすくなった。以前からの外国キャリアの例としては、韓国キャリアが運航する東京～ホノルル・ロサンゼルス線、シンガポール航空の東京～ロサンゼルス線などがある。最近のＬＣＣの例では、本国のジェットスター本家がシンガポールに設立したジェットスター・アジア航空が、シンガポール～台北～関空線に乗り入れている。

今注目されているのが、タイ～日本間の需要だ。日本人にとってタイは人気の観光国だが、両国間にはＬＣＣが就航していないために運賃は高止まりしている。日本はタイと２０１２（平成24）年にオープンスカイ協定を締結しているので、タイ国法人のキャリアの受け入れは拒否できなくなっており、タイ政府が認めれば、日本～タイ間でＬＣＣが運航を行える。

これに目を付けているのが、エアアジアとスクートだ。エアアジアはタイ・エアアジアＸ、スクートはノックスクートという現地法人を設立。両社とも日本への就航を予定し、タイ・エアアジアXは2014年7月から成田に試験運航する。さらにエアアジアは、インドネシアの現地法人を使って日本への直行便を就航させることも検討している。

最近、日本のエイチ・アイ・エスがアジア・アトランティック・エアラインズというチャーター便の現地法人を設立し、タイでは既存チャーター便運航会社のアジアン・エアが成田、関空とを結ぶ運航を始めたが、強豪のLCCには敵わないだろう。日本も早く中距離LCCを育成しなければ、第三国の「トンビ」に「油揚げ」をさらわれることになりそうだ。

## 【各景⑥】先を行く海外のLCC

日本ではスタートしたばかりのLCCだが、30年以上の実績を持つ米国や欧州のLCCはさらに先を行っている。

LCCのビジネスモデルの原型を作り上げたサウスウエストは、着々と運航地域を広げ乗客数で米国トップの航空会社になったが、全米でのネットワークを完成し、国内の路線網をほぼ開拓し終えたため、2014（平成26）年7月から国際線に進出する。2011年に国際線（アメリカ大陸）の事業免許を保有しているエアトラン航空を買収して体制を整え、国内線に比べて運賃が高いカナダ、メキシコ、カリブ海諸国に事業領域を広げる意向だ。

国際線に注目しているのは欧州も同じだ。欧州最大のＬＣＣのライアンエアー（アイルランド）は、旅客数が年間８０００万人を超え、欧州ナンバー１の地位に就いているが、利益の伸びが頭打ちになっており、２０１４年３月期には純利益が８％減の減益決算になった。欧州では、サービスに注力している他のＬＣＣの躍進が目覚ましく、「何でも有料にする」ライアンの商法が「えげつない」と利用者の反発を招くようになっている。

そこでライアンは、２０１３年10月の株主総会で、「顧客を大切にする」方針を発表した。予約後24時間以内ならキャンセルや変更を認めたほか、預託手荷物の標準料金を半額に引き下げ、小さなセカンドバッグの機内への持ち込みを無料にしたが、さらに起死回生の策として大西洋横断路線への進出計画を明らかにした。同路線の就航予定は２０１５年だが、ニューヨークまでの運賃は、片道１１０ユーロ（約1万５４００円）にするという。

さらに、ノルウェーのＬＣＣ大手のノルウェージァン航空も、ユニットコスト０・42ノルウェークローネ（約7円）というコストの安さを活かして、２０１４年夏にロンドン～ニューヨーク線に１４９ポンド（約2万５５００円）の運賃で参入する予定だ。ちなみに、ＢＡの運賃は割引の最安値でも往復４３８ポンド（約7万５０００円）なので、３割以上安い金額になる。

割安運賃ながら高品質なサービスが特徴のハイブリッド型ＬＣＣで成功したジェットブルー航空（米国）は、中小のフィーダー（枝）線に参入している。サウスウエストがポケットマネーで利用する個人客を狙ったのに対し、ジェットブルーはビジネス客を対象にした。運賃水準は最低ではないが、リッチな革張りでゆったりスペースの座席、衛星放送を受信できる娯楽設備を備え、ビジネスに便利な基幹空港を拠点にしている。

LCCのビジネスモデルを作り上げたサウスウエスト

新たな市場を開拓してきたが、現在はより小型のエンブラエル１９０（１００人乗り）を購入し、ハブ空港と小都市を結ぶフィーダー線を盛んに開発している。興味深いのは、ＦＳＣとコードシェア運航を行っていることだ。たとえば、ＪＡＬのボストン、ニューヨーク、サンフランシスコで接続輸送を請け負っている。ＦＳＣとコードシェアを行うには、定時性やＦＳＣ並みのサービスが必要条件になるが、ジェットブルーはこれらの要件を満たしており、新たなビジネスとして育てている。

アジアのＬＣＣの注目点は、中距離ＬＣＣのビジネスモデルの開発だ。短距離ＬＣＣでは、「折り返し時間の短縮による運航便数の増加」で生産性を高めることが可能だが、大型機を使用する中・長距離便では、乗客の乗降と飛行の準備に時間がかかるのでその手は使えない。一方、飛行距離が長くなると、乗客の食事の回数が増えることなどから機体への搭載物が増えるだけでなく、必要なサービスが多くなるので、FSCとのコスト差が少なくなる。

ちなみに、SQグループの中長距離部門スクートでの施策を整理すると、次のとおりだ。

①座席を高密度に配置＝SQのB777―200の標準レイアウトでは、2クラスで290席程度だが、横9列の座席を10列にするとともにギャレー（厨房）を縮小し、40％増の402席を確保。

②機体重量を軽量化＝不必要な設備を外し、必要なものは極力軽量な設備に入れ替える。ギャレー（厨房）を縮小し、座席を軽量タイプに入れ替える。コードの配線を含め、設備が重装備なエンターテイメント装置を撤去。座席数は40％増えたが、機体重量を7％軽量化できたので燃料費の削減に寄与。

③機材の稼働時間を25％増の1日15時間として生産性を拡大。有償飛行時間を拡大できれば、単位時間当たりのコストは下がる。

④付帯収入の拡大＝飛行時間が長いことを逆手にとって、追加料金で広い座席の提供、超過手荷物料、機内での食事・飲み物、免税品販売などの付帯収入を増やす。

これらの結果、スクートの1座席当たりの運航コストは、SQよりも45％低く抑えることができているという。

それでも、中距離LCCの経営は順調ではない。「最低コストで最強のLCC」と呼ばれているエアアジアグループでも、中距離部門のエアアジアXはなかなか十分な収益を上げられない。2012年には欧州線のロンドン、パリ、ニューデリー、ムンバイ線から完全に撤退し、資源を東アジア路線にシフトした。だが、エアアジアやジェットスターは、各地で展開する地域ネットワーク間を中距離LCCでつなぐことでアジア全体を手中に収める戦略を目指している。

興味深いのが、アライアンスに入るLCCが登場したことだ。コスト削減が必然のLCCにとって、アライアンスの加盟料はコストアップの要因になるだけでなく、社内の基準をアライアンスの標準に合わせることは負担になる。もともとLCCは異端児であり、FSCからすれば非常識な経営であるだけに、水と油のような関係にとらえられている。しかも、LCCの経営は市場の環境によって、あるいは独自の判断で変容する特性を持つ。

そうしたなかで、ドイツのLCCのエアベルリンが2012年にアライアンス（ワンワールド）に加わった。エアベルリンはドイツで2番目、欧州でも6番目に大きな航空会社で、従業員9200名、航空機170機を保有し、年間3300万人（2012年実績）を輸送する。サービスがＦＳＣに近く、定時発着率が高いハイブリッド型ＬＣＣだ。

ＦＳＣにとっては空白地域や路線を補完してくれるので有意義なのだが、エアベルリンがその期待に応えながら経営を維持できるのか、さらには成長要因にできるのかが興味深い。

## 【各景⑦】ＬＣＣも次世代機Ｂ７８７を使い始めた

ＬＣＣの機材と言えば、コストパフォーマンスの高い既存機を使用するのが常識のように思うのだが、昨今ではＦＳＣにとっても新鋭機であるボーイング７８７を使うＬＣＣまで現れ、常識を覆してきている。日本では、ジェットスターＪが２０１４年７月24日から、成田〜ゴールドコースト線に就航させる。

Ｂ７８７はボーイングが開発した最新鋭機で、ＡＮＡが世界で初めて発注、運航を行ったことでも知られている。新設計の機体と新開発のエンジンを搭載し、軽量で効率の良い機体になり、乗客１人当たりの燃費効率が既存機より20％も向上した。そのため、サイズは中型機でありながら長い航続距離を発揮する特性を持つ。しかも、新素材を多用したことで軽くて丈夫な胴体が実現し、客室の気圧、温度、湿度が地上における環境条件に近づき、居住性は格段に改善された。

運賃でＬＣＣに攻め込まれているＦＳＣでは、高品質のサービスを実現する切り札としてＢ７

87を導入するキャリアが増えているのだが、そのB787をLCCが横取りするということだから、FSCも心中は穏やかではない。

LCCでは、スクートが20機、ジェットスターが14機、エアベルリンが15機、ライオン・エアが5機、ノルウェージァンが8機を発注し、ジェットスター（ビジネスクラス21席、エコノミークラス314席で合計335席）には初号機が2013（平成25）年10月に、ノルウェージァンには2013年6月に引き渡され、スクートでは2014年11月から就航する。

LCCにとって高い燃油は重大な経営課題だ。サービス経費の少ないLCCでは、運航コストに占める燃油費の比率が50％にもなっているので、それを2割も軽減するB787の導入は大きなメリットになる。

また、すでにLCC同士の競合が激しくなっている地域では、特徴を出すために、新鋭機による差別化が期待されている。さらに、B787は「B777だと大きすぎる路線では、サイズがちょうど良い」「中型機でありながら長い航続距離を発揮できる特性を活かし、中長距離で新たな路線展開も可能になる」（スクートのウイルソンCEO）わけで、LCCにとっては、新たな事業の可能性を拓く機種になりそうだ。

# 第３章　踊り場に差し掛かった中堅社

## 【全景】厳しさを増すＬＣＣの突き上げ

### ＬＣＣの影響はバジェット航空に

日本では、１９９０年代後半から航空自由化が始まり、35年ぶりに新規航空会社が誕生した。１９９８（平成10）年には定期航空としてはスカイマーク、エア・ドゥ、２００２年にスカイネットアジア航空（現ブランド名はソラシドエア）、２００６年にスターフライヤーが就航し、地域航空としては、２０００年のフェアリンク（現アイベックスエアラインズ）、２００９年のフジドリームエアラインズが誕生した。

スカイマークとエア・ドゥは、それまでの既存社と比べて30～40％安い運賃を提示した。すでに海外で活躍していた「格安航空（ＬＣＣ）」ほど運賃は安くなかったが、マスコミは「格安航空」

と呼ぶようになった（参入から年数が経ち、近年はＬＣＣの参入が増えていることから、本書では既述のとおり、運賃を割安に設定した航空会社を「バジェット航空」と呼ぶことにする）。

ビジネスモデルの基本は国内大手のＦＳＣと変わらなかったが、当初からコストを意識して起業されただけに、規制時代に胡坐《あぐら》をかいていた大手キャリアに比べればコスト安ではあった。しかし、規模が極めて小さいためにスケールメリットを享受できず、苦しい展開になった。しかも、反撃に出た大手が対抗運賃を打ち出すとたちまち優位性は薄れ、反撃できずに経営は苦境に追い込まれ、エア・ドゥは経営破綻してしまった。国の規制緩和策も不十分で、航空業界における参入障壁の除去が遅れたことも深刻な影響を与えた。

エア・ドゥとスカイネット（初期の経営が未熟だった）は経営破綻後、ＡＮＡの支援で再生するとＡＮＡグループの傘下に入った。その後、アイベックス、スターフライヤー（２０１４年からＡＮＡ主導で経営再建）もＡＮＡと、ＦＤＡはＪＡＬと、それぞれコードシェア運航しており、新規航空会社で完全に独立した経営を保っているのはスカイマークだけだ。誠に不甲斐ない。多くの支援者のサポートで発足した独立系キャリアなのだから、既存の常識にとらわれず、暴れ回るくらいでないと、日本の空は良くならない。経営が立ち直ったら、直ちに既存社の傘下から離脱すべきだ。

一方のＡＮＡも、当初は両社の支援に消極的だったが、ＪＡＬが他社の面倒を見られる状況になかったことから、腹を括《くく》った。しかし、再建が軌道に乗ると、自社の経営に活用することを考え始めた。当初は自社の運賃政策に歩調を合わせさせることや、ＪＡＬ包囲網として活用していたが、近年ではグループ戦略の一翼を担わせている。コードシェア便にとどまらず、自社のコストで採算に合わない路線を移管するなど、傘下にある「バジェット航空」のテリトリーは大幅に拡大している。エア・ドゥは活動領域を北海道から東北・関西（神戸）に、ソラシドエアは沖縄～九州各地の路線を譲り受けて九州・沖縄地域の航空会社になった。

ところが、２０１２年に国内にＬＣＣが参入すると、状況が変わってきた。これまでは、大手に比べて相対的に安い運賃を打ち出すことで存在感を示せていたのだが、下の価格帯にＬＣＣが入ったことで、新規社の立場は両社から挟まれる状況になってしまった。そこから、ミドル・コスト・キャリア（ＭＣＣ）なる用語も生まれた。

そこでバジェット航空各社は一斉にコストの削減に乗り出したが、なかなかうまく進んでいない。エア・ドゥの運航コストは大手並み。もっとも進んでいるスカイマークでさえユニットコストが8円台前半で、8円を切るのが当面の目標だ。ところが、国内のＬＣＣは6円台を目指しており、バジェット航空の存在意義が問われている。

ＬＣＣは羽田と伊丹空港への就航は許されていないものの、一部の利用者には成田、関空からの路線と競合が始まった。価格に敏感な消費者を取り込み、スカイマークやスターフライヤーの利益額は急降下している。

今後、ＬＣＣが地方路線にまで参入したり、深夜早朝なら物理的に可能な羽田への乗り入れが実現したりすると、バジェット航空にとってはさらに厳しい状況が予想され、まさに正念場となる。

## 増えた地域航空会社

日本には離島が多く、島の人々のライフラインとして、多くの地域航空が存在するが、地域航空（コミューター航空）にも新たな動きが始まっている。輸送力の小さいコミューター航空はもともと採算性が厳しいが、自由化によって新規参入が増えた。

まずは２０００（平成12）年以前に設立され、現存するキャリアを確認しよう。大手系列では、ＡＮＡグループのエアーニッポンネットワークとエアーネクスト、エアーセントラルの３社が合併したＡＮＡウイングスと、ＪＡＬ系では、沖縄の地元資本との合弁による日本トランスオーシャン（旧南西）航空（ＪＴＡ）、鹿児島県奄美群島の14市町村（当時）との合弁による日本エアコミューター、小型機専門の運航会社ジャルエクスプレス、コミューター機専門の運航会社ジェイエアがある。ただし、ジャルエクスプレスは２０１４年10月に本体に吸収されることになっている。

次に、独立系を北から見ていこう。北海道の地域航空を担っているのが、以前はＪＡＬの関連会社だった北海道エアシステム（ＨＡＣ）だ。札幌市内の札幌丘珠空港を拠点に、サーブ３４０（36席）で、道内主要空港、離島、東北の三沢に飛んでいる。

東京の調布飛行場から伊豆諸島の空路をドルニエ２２８―２１２（19席）で維持しているのが新中央航空。長崎県の離島をＤＨＣ―８―Ｑ２００（39席）で結んでいるオリエンタルエアブリッジ、ＪＴＡと関係市町村が出資し南西諸島内の空路をつないでいる琉球エアーコミューターなどがある。

２０００年以降に誕生したのは、アイベックス（２０００年就航。旧フェアリンク）、大草エアライン（２０００年就航）、フジドリーム（２００９年就航）だ。

アイベックスは、澤田秀雄とともにスカイマークを立ち上げた大河原順一が独立して資本を募り、ボンバルディアＣＲＪ機（50席）を使って、仙台を拠点に事業を開始した。しかし販売面の弱さを克服できず、すぐにＡＮＡの傘下に入り、今日に至っている。ＡＮＡの運航下請けキャリアの色が濃い。

天草エアラインは、熊本県の過疎地である天草地区に空港ができたことから、県が中心になって始めた地域航空だ。39人乗りのＤＨＣ―８―１０３（39席）１機をフル稼働させて初年度に黒字を出し、業界を驚かせた。しかし、その後はブーム的需要がなくなって経営は苦しく、さまざまな路線を試行しながら地域航空を守っているが、前途は楽観できない。

フジドリームは静岡空港の開港にあわせて、地元企業の鈴与《すずよ》（後述）が作った地域航空だ。エンブラエル170（76席）と同175（85席）を使い、「地方都市間を結ぶ新たな地域航空を目指し」たが、需要を十分に引き出すことができずに苦慮していた。しかし、名古屋（小牧）から撤退したJAL系ジェイエアの後釜として始めた路線で手応えをつかんだ。

コミューター航空にとっての最大の課題は、「採算に必要な需要を十分に引き出すことができない」ことだが、近年、新たにクローズアップされてきたのは後継機の問題だ。現在中心になっている機材は、ボンバルディアのDHC—8—Q200（39席）、DHC—8—Q300（50席）、サーブ340（36席）などで、いずれも退役時期が迫っているが、後継機の手配は行われていない。

この問題が深刻化したANAグループでは、2010年に札幌丘珠空港から撤退し、2014年には羽田〜三宅島線を諦め、19席のドルニエ228—212で運航している新中央航空（出資者：川田工業）に路線自体を譲渡した。新中央航空は拠点の調布からの路線で運航しているが、機体が小さくなったことで、搭乗人員が限られて利用者の負担も増え、運航の環境が厳しくなっている。

移管により運航が継続できる路線はまだ恵まれているが、後継機がないと路線そのものの存続が危うくなるケースも指摘されている。最も深刻なのは、すでに生産を中止しているサーブ340に頼るHAC、DHC―8―103、同200、同300に頼る天草エアライン、オリエンタルエアブリッジ、琉球エアーコミューターだ。

HACを例にとれば、本拠地の札幌丘珠空港の滑走路が1500mと短いため就航できる機種が限られており、新機種導入のための資金も捻出できない。しかも、保有していた3機のうち1機が深刻な故障で長期間にわたって運航から外されたため、2013年には路線の一部を休止した。

これらの機種の代替機を世界で探すと、仏アエロスパシアルと伊アエリタリア（現アレーニア・アエロナウティカ）が共同開発したターボプロップエンジンを搭載したATRシリーズが存在する。日本で多く使われているボンバルディアQシリーズよりも太い胴体が特徴で、室内空間が広いのが利点だ。基本型のATR42（46～50席）が就航した当初は、ボンバルディアQシリーズの競合機として注目を集め、日本のキャリアも選定候補にしたのだが、運の悪いことに事故を起こし、選定対象から外されてしまった。その後、事故は機体の原因によるものではないことが判明し、海外では多数が売れているが、タイミングを失った日本には輸入されていない。

　現在主流になっているのは、ＡＴＲ42の拡張型であるＡＴＲ72―６００（74席）で、ＡＴＲ72―５００（74席）のプラット＆ホイットニー製エンジンを１２４Ｂ（１基２１６０馬力）から１２７Ｍ（同２７５０馬力）に換装したものだ。最大巡航速度は毎時５１０㎞で、６６７㎞を誇るＱ４００よりも遅いが、１３３３ｍの滑走路から離陸でき、満載時の最大航続距離も１６６５㎞なので、代替機としても適している。日本では２０１４年に就航予定だった新会社リンクが３機を発注し、導入への期待が高まったのだが、リンクは２０１３年12月に経営破綻したため、破談となった。また、その他のキャリアも新機種導入のための設備投資やパイロットの再訓練などの費用が捻出できないのが実情だ。

　昨今、業界で注目されているのは、キャリアと商社や金融機関が共同で事業会社を作り、機体の購入、整備、パイロットの派遣業務を行うプロジェクトの提案だ。これが実現すれば、小規模キャリアでも新型機を導入できるので、良いアイデアだと思うのだが、実際に資金を出す企業がなかなか見つからず、具体化しないのは残念だ。

## 【各景①】バジェット航空

## スカイマークは大変身

低価格路線を突き進んできたスカイマークが、2014（平成26）年に戦略を大きく転換する。これまでモノ（単一）クラスの小型機だけで運用してきたが、広いシートの大型機を投入するほか、小型機にも上級クラスを設置するなど、サービス重視の航空会社に変身する。そして、秋からはいよいよ欧米への国際線事業に乗り出す。

1998年に就航したスカイマークは創業以来、一貫して「安い運賃」を売り物にして突き進んできた。安い運賃ながら高収益を上げられたのは、余計なサービスを一切省いたことに加え、運航中止でも代替輸送を提供しないなど、考えられるコストカットを徹底的に行い、座席数を増やし、高い搭乗率を上げることで「薄利多売」ができていたからだ。

しかし、これまでは大手JAL、ANAと比べて安い運賃だったために競争力があったが、2012年に登場したLCCに価格面での優位性を奪われてしまった。価格に敏感なスカイマークの首都圏の利用者の一部が、羽田便から成田発着のLCCに移ったものと推測される。LCCとまともに競合する路線はほとんどなかったが、搭乗率はほぼ全路線で10ポイントも下がった。

その結果、2014年3月期決算で最終赤字に転落した。売上高は前期比3200万円増の859億7500万円を確保したが、前期に比べて機材費が37・1%増、新機種A330導入に伴

▼スカイマークの概要

| | |
|---|---|
| 資本金 | 141億8,145万円 |
| 従業員数 | 2,326人 |
| 保有機数 | 32機 |

※2014年5月現在

う乗員訓練費が21・9％増、燃料費が12・7％増などと経費が増え、営業損益で25億6000万円、純損益で18億4500万円の赤字となった。

一部にはスカイマークもLCCになって価格で対抗するのではないかとの観測もなされたが、西久保愼一社長は「価格だけの競争となるLCCで利益を出すのは難しい」と、大手の手薄な地方都市路線への就航や、これまでから一転してサービスの強化に乗り出した。

注目は、全席に「グリーンシート」を採用した大型機A330―300の導入だ。「グリーンシート」は、ウェーバー社製の高級シートで、ピッチ（間隔）が38～37インチ（約96・5～94・0㎝）、幅は19・3インチ（約49㎝）もある。38インチの広さはJALの「クラスJ」や初期の国際線ビジネスクラス並みだ。ちなみに現行のB737は、ピッチが32～31インチ（約81・3～78・7㎝）、幅は17・2～15・2インチ（約44・0～38・6㎝）である。

JALの「クラスJ」は、普通運賃のほかに1000円のクラスJ料金が必要だが、スカイマークのメリットは、別途料金が不要で運賃だけで利用できることにある。ただし、普通運賃は据え置くものの、割引運賃を調整して、平均単価を5％程度引き上げたい意向だ。2014年6月

14日に羽田～福岡線から導入を始め、年度内に受領する６機を使って那覇線、新千歳線に就航させるなど、約1年半で10機を受領して幹線の３路線をすべてA３３０に入れ替える。

サービス基準の見直しは、地方路線にも及ぶ。こちらには「グリーンシート」よりも上級のシートを、1機につき16～20席設置する。１０００～２０００円の料金を徴収し、飲み物などの機内サービスもこれまでどおり有料となるが、導入時期は決まっていない。

スカイマークのA330－300

運賃だけで利用できるスカイマークの「グリーンシート」

さらに２０１４年秋からは、最大８００人以上が搭乗できる超大型のA３８０機を使用して国際線に進出する。ビジネスクラス１１４席、プレミアムエコノミー２８０席の合計３９４席に抑えた仕様で、年末に成田～ニューヨーク線に就航する予定だ。

ビジネスクラスのシートピッチは１５２cm、座席のリクライニングはほぼフルフラットの170度とFSC並み。プレミアムエコノミーはシートピッチ97㎝と、一般のエコノミー席の79～84㎝よりも広く、リクライニングは小さいながらも可能。ただし、機内食はセットメニューにとどめ、アルコールは出さないなど、サービスはなるべく簡略化する予定だ。

運賃は大手を意識し、価格競争力を発揮する。米国東海岸への往復運賃は、ビジネスで40万円弱（大手の定価は110万円強、事前購入で60万円程度）、プレミアムエコノミーは30万円（同定価80万円程度、事前購入で40万円程度）を想定している。A380は購入時のカタログ価格で1機約280億円。スカイマークはこれを6機発注しており、米国線の後にはロンドン、パリなどの欧州線に就航させる計画で、初年度から搭乗率65％を見込み、黒字を目指している。しかしながら近年、大手との価格競争は激しく、契約を交わしている法人向けには相当に安い価格が提示されていることから、スカイマークの試算も安泰ではない。

スカイマークの「大変身」が成功すれば、事業領域・規模としてもJAL、ANAに対抗するエアラインに成長することになり、日本の航空業界の地図は大きく塗り替えられる。しかし、失敗すれば企業の存続にもかかわるだろう。スカイマークにとって、A330、A380という2つの新機種が、今後の社運を左右する。

## スターフライヤーはＡＮＡ主導で再建

２０１４（平成26）年度に経営が大きく変わるのが、スターフライヤーだ。独立路線が行き詰まり、ＡＮＡの主導で企業再建を目指す。

スターフライヤーは、２００６年に誕生した。日本エアシステム（ＪＡＳ）やＡＮＡなど大手航空会社から独立した起業家が、東陶機器（現ＴＯＴＯ）、安川電機、九州電力、日産自動車など北九州を拠点とする地元企業から資金を募り、羽田～北九州線に就航した。当初の狙いは、24時間運用できる北九州空港の特性を活かし、深夜早朝にクローズする福岡線の補完も考えた「24時間のシャトル運航」だった。

ＬＣＣとＦＳＣの中間となる「ハイブリッドＬＣＣ」と呼ばれる米ジェットブルー航空をモデルに、割安運賃とハイグレードで快適な居住空間の提供で、利用者を獲得しようとした。エアバスＡ３２０の最大１８０席配置可能な座席

ANA主導の再建が進むスターフライヤー

### ▼スターフライヤーの概要

| | |
|---|---|
| 資本金 | 12億5,000万円 |
| 従業員数 | 601人（2013年3月現在） |
| 保有機数 | 11機 |

※2014年5月現在

を144席に抑え、座席ピッチを91～94㎝と他社より12～15㎝広くした。モニター付きの革張りシートやパソコン用電源を備え、ソフトドリンクやコーヒーを無料でサービス。バジェット航空とは思えない快適さや、黒を基調としたモダンな機体が話題になったものの、期待した深夜早朝便が振るわず、24時間化構想は1日12便でとん挫した。

2路線目に開設したのは羽田～関空線。昼間のダイヤに空きがあることを憂いた国交省が、使うあてのない機体を保有していたスターフライヤーに羽田の発着枠を用意したことから2007年に実現した。

ところが、設立以来3期連続の赤字で株式上場が3年先送りになり、2009年には初代経営陣が退任。代わって社長に就任したのが、当時の筆頭株主である米国投資ファンドのドール・キャピタル・マネジメントが指名した米原慎一だった。米原は投資ファンドのサイモン・マレー&カンパニー・ジャパンの副会長で、エアライン経営の経験はないが、三井物産時代の航空機部門の経験が買われた。

ドールは10％を占める株式を保有していたが、スターフライヤーの業績がなかなか好転しないことに不満を抱き、2012年に保有株を売る意向を示した。それをANAが購入し、全体の17・96％を占める筆頭株主になった。ANAの狙いは、「JAL包囲網」としての活用と、自社路線を保有しない北九州路線の補完で、両社は各路線でコードシェア提携を行っている。

スターフライヤーの機内サービスの品質は高い評価を受けており、サービス産業生産性協議会による「ＪＣＳＩ（日本版顧客満足度指数）」調査において、２００９年から5年連続で「国内航空業界」部門、２０１０年から4年連続で「国内交通（長距離）業界」部門のトップに選ばれている。また、２０１１年には東証2部への上場を果たし、２０１４年1月には初の格納庫を完成させた。

スターフライヤーが念願としていたのが、ビジネス客が圧倒的に多い羽田〜福岡線への参入だった。運航社の多い激戦地だが、他社にはない高品質なサービスで、多くの乗客を獲得できると踏んでいた。２０１１年に5便で就航し、２０１３年春には新たに獲得した羽田の発着枠をすべてつぎ込んで10便に拡大したが、予定した搭乗率には達していない。

業績は２０１２年から深刻さを増し、羽田〜福岡線ではＬＣＣの成田〜福岡線にも乗客を奪われている。余剰機を活用するため、２０１２年に初めての国際線となる北九州〜釜山線、２０１３年には関空〜福岡線を開設したが、いずれも不発に終わった。

また、２０１２年には米原が後ろ楯になって、プロペラ機による地域航空リンクを九州で立ち上げたが、十分な資金を集められず、２０１４年春の就航を目前にした２０１３年12月に会社は破綻した。

ＬＣＣが本格的に参入し、最低価格のお株を奪われたバジェット航空が、１つの路線で高いシェアを取ることは難しいのではないだろうか。スターフライヤーも羽田～福岡線の便数を6便に落とし、4便は羽田～山口・広島・鹿児島線辺りに振り替えた方が現実的だ。また、新幹線運行終了後の中部や関空からの深夜便も需要があると考えられる。

２０１４年3月期の業績は、売上高が３３０億２４００万円と前期比で31・2％増えたものの、営業損益は30億４４００万円の赤字（前期は３１００万円の黒字）で、経常損失は26億６４００万円（同４７００万円の黒字）となった。円安の進行によって、燃油費やドル建てのリース料が大幅に増え、営業費用が前期比で43・5％も増加したのだが、ここまで傷口を広げたのは、「ＬＣＣへの対応が遅れた」（米原談）からだ。その結果、２０１２年末には28・3％だった自己資本率が、２０１３年12月末には13・5％にまで減り、財政は危険水域に入った。

そこで２０１３年末には本格的リストラに取りかかり、80人の人員整理、国際線からの撤退、関空～福岡線の中部～福岡線への付け替えなどで再出発する予定だったが、地元や金融機関などからの納得が得られず、米原は責任を取って２０１４年3月末に退任した。

後任には、ＡＮＡの整備や運航部門の出身で、スカイネットアジア航空の副社長を務めた松石禎己《さだみ》があたることになっているが、他に有力なスポンサーもいないことから、再建はANAが中心となって取り組むものと見られる。だが、ANAはすでにエア・ドゥ、スカイネットアジアと資本提携関係にあることから公正取引委員会の意向を意識せざるを得ず、表立っての采配を振るいにくい立場にある。

一方、スターフライヤーのこれまでの経営は、脆弱な資本力もさることながら、出資企業の乗客を当てにするなど地元企業への甘えが目立ち、営業における自立の姿勢が弱かったことから、営業面での意識改革も必要だ。

## 独立心が見られないエア・ドゥ

スカイマークと同じ1998（平成10）年に「北海道の翼」として登場したエア・ドゥ（旧北海道国際航空）だが、今や企業の形、内容は大きく変わり、ANAグループの協力会社としての色彩がますます濃くなっている。

エア・ドゥは「北海道で安い航空運賃を実現することで、北海道経済の自立と活性化」を目指し、道内の自治体、企業、市民株主の資金によって就航したが、ぜい弱な経営で軌道に乗らず、2002年に経営破綻。再建作業は国交省主導のもと、ANAの支援で行われた。

再生のメドが立った2002年に「北海道国際航空株式会社企業再建ファンド信託」が設立され、日本政策投資銀行が45%（9億円）、ANA15%（3億円）のほか、北洋銀行、サッポロビール、石屋製菓、ニトリ、北海道新聞など北海道関連企業が23%、楽天、日本ヒューレット・パッカードなどの道外企業が17%の出資をした。その後、債務返済を終えて、2005年3月に再建が完了したことから、ファンドは2008年9月に解散。各企業の出資金がそのまま所有株式になっている。

エア・ドゥの小型機B737ー500

それからのエア・ドゥは国交省からの天下り社長を受け入れ、堅実経営に終始しているが、ANAへの依存度がきわめて高い。「ANAから得る座席販売収入は売上高の32%に当たる112億8400万円。営業費用では、整備費の90%、機材費の29%、燃油費の66%など、全体の44%がANAへの支払いだ」（航空経営研究所『国内新規航空会社の分析』）。今や、チャレンジ精神は影を潜め、あたかもANAのグループ企業の一員のような存在だ。

同社はこれまで、「北海道の翼」をスローガンに掲げて道内の乗

### ▼エア・ドゥの概要と業績予想

| | |
|---|---|
| 資本金 | 23億2,505万円 |
| 従業員数 | 915人 |
| 保有機数 | 9機 |

※2014年4月現在

（単位：百万円）

| | | 売上高 | 営業利益 | 経常利益 | 純利益 | 営業利益率 |
|---|---|---|---|---|---|---|
| 2013年度 | （確定値） | 49,598 | 783 | 363 | 123 | 1.6% |
| 2014年度 | （見込値） | 50,800 | 500 | 400 | 250 | 1.6% |
| | （修正見込値） | 50,000 | 110 | | 60 | |
| 2016年度 | （計画値） | 60,000 | 2,900 | 2,600 | 1,600 | 4.8% |

り入れ地点を増やし、新千歳、旭川、函館、女満別、帯広と東京を結んでいる。2008年からは、ANAの不採算路線だった新千歳発着の東北・北陸路線（仙台、新潟、福島、富山、小松線）が一挙に移管された。126人乗りのB737―500を使用し、福島線以外の搭乗率を確保。経営基盤の安定化にもプラスの効果が出ている。

当初の機材はスカイマークと同様にB767―300ER（300席）で就航。スカイマークは2009年に全機を小型機のB737に切り替えたが、エア・ドゥはそのままB767を継続した上で、ANAから小型機のB737―500をリースしてきた。2機種の併用を続ける意向だが、中型機の分野ではリースの終わったB767を購入し、新機種の小型機にはB737―700を選定した。

2013年度の業績確定値は売上高495億9800万円（前期比+9・4%）、営業利益7億8300万円（△56・4%）、経常利益3億6300万円（△79・9%）、当期純利益1億2300万円

（△80・7％）。絶好調だった前期までの経営が崩れ、利益が急降下している。

将来計画では、機材を9機から15機に増やして新規路線を拡充するほか、旅行会社と協力し、新千歳空港を拠点に台湾やグアムなど近距離の国際チャーター便にも乗り出す予定だ。

同社は、確かに運賃テーブル（料金表）では他社にない細かいフォローがあり、機内の飲み物の種類が多いなどの特長もあるが、ＡＮＡ傘下から抜け出すまでの独立心はない。また、ＬＣＣが本格化する時代を前に、乗客を喜ばせるための設備投資を行う意欲も見られない。規制の時代には、事業の拡大が難しい反面、自己が攻め込まれる可能性も少なかったが、自由化後の市場は流動的になり、攻めの姿勢で経営してようやく現状を維持できることを肝に銘じる必要がある。創業の精神を見直し、「大志」を実現してもらいたいものだ。

## イメージ刷新で好調なスカイネットアジア航空

スカイネットアジア航空（ＳＮＡ）は、新機種と新ブランド「ソラシドエア」の導入によるＣＩ（コーポレート・アイデンティティ＝企業カラーの変更で存在感を高める）戦略が成功し、好調な業績を上げている。「ソラシド」とは、「ｓｏｌａ（空）から、笑顔のｓｅｅｄ（種）を蒔く」の意味を込めた造語で、フレッシュ感を演出するため、イメージカラーにピスタチオグリーンを採用している。

ＳＮＡは当初、起業家たちが福岡で新規社を立ち上げようとしたが資金が集まらず、資金を頼って拠点を宮崎に移して事業を始めた航空会社だった。少ない資金で4機のＢ737－400を中古で調達。「機材を安く調達できた」と胸を張ったものの、実は何社ものキャリアで酷使された老朽機だった。

イメージを一新したスカイネットアジア航空（ソラシドエア）

▼スカイネットアジア航空の概要

| | |
|---|---|
| 資本金 | 23億4,559億円 |
| 従業員数 | 753人（2013年9月現在） |
| 保有機数 | 12機 |

※2014年4月現在

２００２（平成14）年に羽田～宮崎線、２００３年に羽田～熊本線を開設したが、事業を始めてみると、故障が多く欠航率が高かったことから乗客の信頼を失い、２００４年に経営が行き詰まった。

ＳＮＡは産業再生機構に支援を要請し、再生機構はエア・ドゥの支援で実績が評価されたＡＮＡの協力を得て再建にあたった。ＡＮＡは２００５年から整備と販売面で支援に乗り出し、長崎線開設と定時性向上を図る目的で保有機を2機増備。

それによって運航体制が安定し、欠航率が大幅に減ったことから利用者の信頼が徐々に回復。また、営業面では２００６年から始めたＡＮＡとのコードシェア運航が効果を上げた。

２００６年12月には再建のメドが立ったことからスポンサー探しを始めたところ、宮崎県下でバス事業を手がけ、ＡＮＡの販売代理店だった宮崎交通が引き受ける意向を示したことから、両社は経営統合した。ちなみに、宮崎交通は地元の名門企業だが、負債を抱えて経営が破綻し、産業再生機構が２００５年に再生したという経緯がある。

再生機構の「(ＳＮＡの) 再建には事業規模の拡大が必要」との主張が国に認められて、２００５年には長崎線への就航が実現。２００７年には鹿児島線を3便開設したこともあり、同年度に黒字化した。２００９年にはＡＮＡから沖縄と、長崎、熊本、宮崎、鹿児島を結ぶ路線の移管を受けて業容は大幅に拡大し、「ＡＮＡへの販売座席キロが大幅に増えて、全体の33%に達した。販売金額では85億円になり、営業収入全体（２４３億円）の35%を占める」（航空経営研究所『国内新規航空会社の分析』）。さらに、２０１０年には、出資付きの誘致を受けていた大分にも就航した。これで羽田からは、大分、長崎、宮崎、熊本、鹿児島を、那覇からは長崎、熊本、宮崎、鹿児島を結ぶネットワークができあがった。

注目されるのは初めての新造機Ｂ７３７―８００（１７４席）の導入だ。Ｂ７３７―８００は、すでにスカイマークやＪＡＬ、ＡＮＡで導入済みだが、ＳＮＡの機体は、Ｂ７８７で開発された客室インテリアを採用したＢＳＩ（Boeing Sky Interior）型で、客室内の照明や座席を一新している。２０１１年に2機受領し、２０１２年度までには6機に増備。一方でＢ７３７―４００（１５０席）が3機退役したことから、構成は半々になった。新造機の効果は大きく、イメージが改善されて増収につながっている。

２０１３年3月期決算では、供給座席数が８・５％増えたのに対して、旅客は15・７％増加（１３６万４２３８人）し、搭乗率は４・２ポイント上がって67・４％に達した。しかも、新機種導入による燃費効率の向上や整備費の削減といった効果で、1便当たりの費用を前年度並みに抑えることができたので、収入増を利益に計上することができた。これにより、売上高３０６億５５００万円、営業利益18億４３００万円、純利益11億１００万円で過去最高を記録し、創業以来の累積損失をすべて解消できた。

２０１３年度は、羽田の発着枠の配分を活用して熊本、大分、鹿児島線を各1便増便したほか、ＡＮＡの神戸～沖縄線（3便）の移管を受けて、さらにネットワークを拡大した。また２０１４年度下期から全保有機をＢ７３７―８００に統一して11機体制に、２０１５年度からは12機体制にする予定だ。設立10年にして、独自のカラーが備わってきたが、九州にはバジェット航空が3

社もあり、ＬＣＣとの競合も激化していくなかで、ソラシドエアがどのような特徴を利用者にアピールするのかが注目される。

## 【各景②】地域航空

### 名古屋が本社になったフジドリームエアラインズ

２００９（平成21）年に静岡に誕生したコミューター航空のフジドリームエアラインズ（ＦＤＡ）は、機体ごとに塗装色を変えていることで有名だ。レッドから始まり、ライトブルー、ピンク、グリーン、オレンジ、パープル、イエロー、ティーグリーンと、現在では8機が揃った。創業前に親会社である静岡の老舗企業、鈴与の鈴木与平社長が「まず、7色程度を揃える」と言明していたことからすると、第一段階を完了したことになるが、この間に企業の体制はがらっと変わった。

鈴与の歴史は、１８０１年に初代の鈴木與平（与平）が駿河国《するがのくに》の清水湊《しみずみなと》で、廻船問屋「播磨屋」を創業したことに始まる。昭和に入ると、清水港に水揚げされるマグロなど水産物を缶詰に加工する「清水食品」、マグロのインスリンを薬品にする「清水製薬」、建設業の「鈴与建設」、陸送の「鈴与自動車運送」などを設立し、複合企業に発展した。現在は、物流、商社、建設、食品、情報

本拠地を名古屋に移したフジドリームエアラインズ（FDA）。左後方が新格納庫

**▼フジドリームエアラインズの概要**

| | |
|---|---|
| 資本金 | 4億9,300万円 |
| 従業員数 | 340名（2013年10月現在） |
| 保有機数 | 8機 |

※2014年5月現在

など約130社でグループを構成し、全体の従業員数は約1万人にのぼる。Jリーグの清水エスパルスの親会社としても有名だ。

鈴与が航空事業へ参入したのは、2009年の富士山静岡空港の開港がきっかけで、2008年に全額を出資してFDAを設立した。現社長の鈴木与平は抱負を、「最低のコストを実現し、大手の就航していない地方空港間路線で採算をとる、新たなビジネスモデルを確立したい」と語っていた。

FDAが目指したのは、直行便による所要時間の節約を評価するビジネス客中心の輸送だ。使用機のエンブラエルERJ170は76席、同175は84席なので、需要が少ない路線でも採算をとりやすい。地元を拠点にしていれば、始発便の出発時刻も早くでき、利便性も高くなる。社名には誰からも親しまれるようにと、あえて鈴与の名称を外し、富士山にちなんだ「フジ」を入れ、地域の夢を実現する意味から「ドリーム」を加えた。

富士山静岡空港は2009年6月4日に開港。ANA、JALが国内線に就航したが、FDAは機材が間に合わず、7月23日から2機のERJ170で、小松（1日2便）、熊本、鹿児島線（各1便）に就航した。当時の就航予定都市としては、国内で仙台、富山、新潟、羽田、成田、松山が、2011年度の開設を予定していた国際線には、韓国、台湾、中国（上海）があげられ、2012年度には5機で年間66万人を輸送する計画だった。

一方、就航間もない2009年9月にJALが静岡からの撤退を発表したので、翌2010年4月に新千歳、福岡線を引き継ぎ、その後、信州まつもと空港（着陸料を免除）発着の2路線も引き継いで、JALとはコードシェアをするようになった。

ところが、もっとも期待していた静岡～小松線の搭乗率が3割台と低迷したため2011年に撤退し、熊本線も廃止した。また、鹿児島線は週4便に、新千歳線は冬期には週3便に減便し、静岡発着路線で毎日就航するのは福岡線（3便）だけとなった。

一方、県営名古屋（小牧）空港に本社を構えて9路線を運航していたジェイエアが撤退したことから、FDAは「商機到来」と小牧発着路線に参入。愛知県は「渡りに船」とばかりに歓迎し、話はトントン拍子にまとまって、福岡線に就航するとともに、運航の指示機能を名古屋に移転した（創業時に開設した静岡空港そばの本社に残されているのは訓練施設だけで、本社機能は大部分が名古屋に、一部が鈴与グループの総本山の清水に移されている)。

これに対して、発着便数の減少に悩む中部空港が噛みついた。国が中部空港の建設決定の時に、地元から取り付けた「名古屋地区の航空需要は中部に一元化する」の了解事項に反すると抗議した。しかし、FDAは「一元化の了解時点でFDAは存在せず、対象に含まれない」との立場を取って抗弁し、愛知県もFDAを支持した。

また、東日本大震災後には「災害復興に貢献」を理由に、小牧から青森、花巻への新路線の開設を届け出た。陸路が分断された東北では、航空に期待される役割は大きかったので、国交省は1年間に限って了承。しかし、就航後の実績が十分なものだったことから、FDAは青森、岩手両県の知事からの支持を得、1年間の時限を白紙にさせることに成功した。

現在の静岡発着路線は、福岡(1日3便)、新千歳(週3便)、鹿児島(週4便)と3路線にとどまっているのに対して、名古屋発着路線は青森、花巻、山形、新潟、高知、福岡、熊本の7路線で合計16便、福岡発着路線は、新潟、松本、静岡、小牧の4路線で合計10便と増え、本拠地は完全に名古屋になった。

一方、静岡空港には大型格納庫を建設中で、保有するエンブラエル機を同時に2機収容できるが、LCCが増える状況を見据えて、将来はA320の整備も手掛ける予定だ。

注目されるのは、札幌丘珠空港への乗り入れだ。同空港は滑走路が1500mと短いが、これまでは長さだけでなく、舗装の厚みが不十分で、ジェット機の発着には耐えられないとされてきた。ところが2013年にテスト飛行を実施したところ、FDAの保有するエンブラエル機は機体が比較的軽く、滑走距離が短いことから、多少の制限を加えることで安全性が確認できた。また、空港周辺住民が懸念していた騒音も、プロペラ機と大差ないことから、頻度が多くなければ理解が得られそうである。

2014年6月末~9月末にはチャーター便を名古屋から13往復運航する計画だが、恒常的に利用できれば、FDAは札幌丘珠空港の運用を飛躍的に変えられる。名古屋や静岡から札幌市内の丘珠に直行の定期便が開設されれば、ビジネスマンには時間短縮になり、FDAは大きな金鉱を掘り当てることになるだろう。今後の展開が楽しみだ。

## 正念場を迎えた北海道エアシステム

北海道エアシステム(HAC)は、JALの経営破綻で社運が変わった。もともと経営環境が厳しかったところを、JALグループから切り離されたことで自立を迫られた。北海道を主体に資本が改編されたものの、未だ苦しい経営状況は変わらない。

札幌丘珠を拠点空港とする北海道エアシステム（HAC）

**▼北海道エアシステムの概要**

| | |
|---|---|
| 資本金 | 4億9,000万円 |
| 従業員数 | 82人（2013年3月現在） |
| 保有機数 | 3機 |

※2014年4月現在

戦後の北海道の地域航空は、１９５３（昭和28）年に設立された北日本航空から始まった。運輸省（当時）の肝いりで、先行するＪＡＬ、ＡＮＡに対抗できる航空会社になることを求められたが、経営が安定しないことから、１９６４年に富士航空、日東航空と合併して日本国内航空（ＪＤＡ）になった。ＪＤＡは１９７１年に広島を拠点にしていた東亜航空を吸収して東亜国内航空（ＴＤＡ）となり、１９８８年には日本エアシステム（ＪＡＳ）と改称。だが、収益が厳しい過疎地や離島路線は地元自治体との第3セクター方式で経営することになり、１９９７年に設立したのがＨＡＣだった。筆頭株主は51％を保有するＪＡＳで、北海道は49％の株を引き受けた。

　そして、２００２年にＪＡＬとＪＡＳが経営統合したことで、ＨＡＣもＪＡＬグループ入りした。ところがＪＡＬが経営破綻し、再生業務を請け負った企業再生支援機構が事業内容を精査した結果、ＪＡＬのＨＡＣからの撤退を決めた。

そのため、北海道庁が地元の自治体、企業に強く協力を求め、やっとのことで受け皿ができあがった。資本構成は、北海道36・47％、ＪＡＬ14・49％、札幌市13・53％、北海道銀行4・74％、北洋銀行4・74％、北海道電力4・74％、釧路市3・04％などだ。すでに道がＨＡＣにつぎ込んだ補助金や融資の総額は約41億円に達し、まさに背水の陣だった。北海道が交渉した結果、ＪＡＬは連結決算の対象にならない範囲での資本の残留に応じた。ＨＡＣは2億円の累積赤字を一掃し、拠点空港を新千歳から札幌丘珠に移して、２０１１年3月に再発足した。

しかし、２０１１年6月には飛行中の機体でトラブルが発生し、原因究明に時間がかかって欠航が相次いだ。さらに、ＪＡＬが新千歳から競合路線となる女満別線に就航するなど、経営環境が一層厳しくなった。その結果、２０１２年3月期の決算で5億６１００万円の経常赤字を計上し、期初の純資産7億２５００万円に迫る危機的状況に陥り、追加の資金支援が必要になった。さすがに道議会からは支援に慎重な意見が噴出し、道庁は経営計画の査定を第三者の監査法人に依頼したのだが、結果は「赤字からの脱却が見通せない」という、極めて厳しいものだった。

そこで、経営計画の見直しを行ったのだが、議論は①一部の路線を撤退する縮小均衡案、②ライフラインになっている利尻、奥尻島路線の離島路線に特化する案、③寿命が近付いている機体の更新を含めた抜本的再建案、の３つに絞られた。特に③では、運航体制を強化するために、４機目の機材購入と離島用の小型機の導入も検討された。その時点では３機のサーブ３４０で６路線を維持するには余裕がなく、いったんトラブルが発生すると玉突き状態で欠航が多発する可能性があり、危険な状態だったからだ。

運航体制を確保するには、予備機の購入か、新機種への切り替えが必要だが、サーブ３４０はすでに生産終了から長い時間が経っており、保有機の故障発生率の増加が予想される一方、状態の良い中古機を見つけるのは至難な状況にある。そのため、監査法人の査定では、一部の路線から撤退しても黒字化は難しいとの見通しが示された。

最終的には、２０１２年10月で札幌丘珠〜女満別線、２０１３年２月で函館〜旭川線から撤退し、収益の柱になりそうな札幌丘珠〜三沢線に就航する経営計画をまとめ、２０１２年７月末に経営陣を刷新して再スタートを切った。道は３億円の追加融資を行ったが、新たに「３カ月ルール」を設定し、「計画を３カ月ごとにチェックし、計画が未達であれば、路線を減らす」ルールを取り入れた。

現在就航している路線は、札幌丘珠から函館（平日６便）、釧路（４便）、三沢（１便）、利尻島（１便）、函館から奥尻島（１便）、三沢（１便）への６路線で、特に札幌丘珠〜三沢線は好調だ。

次代の地域航空を担う輸送機の1つに位置づけられるATR42

2013年の実績（旅客数、搭乗率）は、札幌丘珠～函館線が4万62人、54・7％、釧路線が6万5166人、67・3％、三沢線が1万7668人、72・4％、利尻線が1万4991人、70・0％、奥尻線が8611人、41・9％だ。

一方、再生を終えたJALはことのほか高収益企業になったが、各方面から再生過程での地方路線の切り過ぎや、公共交通機関として役割不足を各方面から指摘され、再びHAC支援を公約した。2013年からコードシェアを始めたが、後継機への切り替えにも支援の手を差し伸べるものと見られることから、地元では急速にJAL頼みの期待感が強まっている。

道庁は現在、JALと「再子会社化」の方向で詰めの作業を行っているが、合意は近いようだ。基本的な方向は、両社が同額の債務を負担して債務超過を解消した上で、JALが資本比率を過半数に引き上げるという。

後継機に関しては、プロペラ機のＡＴＲ42（40～50席）を選択すれば解決するが、導入のためにまとまった資金が必要になる。一方、これまで不可能と言われていたジェット機の就航もＦＤＡが２０１３年にテスト飛行に成功したことで、新たな可能性が出てきた。ＦＤＡが成功したエンブラエル１７０（76席）はＪＡＬも所有しており、リースで借り受けて函館、二沢など需要の多い路線に使用したり、東京便などを開設できれば、ＨＡＣの事業は抜本的に改善できる。

その一方で、北海道は土地が広く、航空が重要な交通手段であるにもかかわらず、道庁の航空政策がいつもその場凌ぎで済まされてきているのも問題だ。道庁はＪＡＬだけをあてにせず、札幌丘珠空港を含めて、ＨＡＣの将来計画を早急に立てるべきだ。

## 沖縄ブームで活況の日本トランスオーシャン航空

日本トランスオーシャン航空（ＪＴＡ）の前身である南西航空は、１９６７（昭和42）年に南西（沖縄）諸島の航空輸送を担うために、地元資本（49％）とＪＡＬ（51％）とで設立された。生活路線であることから運賃を低く抑えたが、当時の使用機はＹＳ―11（64席）とＤＨＣ―6（19席）であったために利益が上がらず、財政状態は慢性的な低空飛行だった。

転機は、１９８６年にネットワークを県外（松山）に広げたことだった。さらに、１０９０年代からＪＡＬがＪＴＡのコストの低さに注目し、グループ企業として積極的に育成を始めた。それまでは、沖縄の地域航空会社として「経営が成り立てば善し」とされていたのだが、県外主要都市（東京、名古屋、松山、岡山、小松など）を結ぶ路線の開設、主要路線のジェット化、琉球エアーコミューターの買収と一部路線の移管、グループ社保有機の重整備の委託などを行った。２０１４年３月期の売上高は３８９億４５００万円（前期比２％減）、純利益17億１５００万円（同19・6％減）。

**▼日本トランスオーシャン航空の概要**

| | |
|---|---|
| 資本金 | 45億3,720万円 |
| 従業員数 | 724人 |
| 保有機数 | 12機 |

※2013年1月現在

ＪＡＬとしては、本体では採算に合わない路線の開設が可能になってグループのネットワークが充実し、ＪＴＡとしては事業規模が拡大して経営が安定した。そして１９９３年に日本トランスオーシャン航空（ＪＴＡ）に社名を変更。さらに人件費の安い沖縄の特性を活かして、ＪＡＬエクスプレスなどグループ社保有のＢ７３７の整備を受け持つなど、現在ではグループのなかでの位置付けは重要なものになりつつある。さらに、近年の沖縄ブームで輸送量が着実に伸びているほか、２０１３年には石垣島に新空港が完成して羽田や関空との直行便の運航が可能になり、そこから派生して八重山観光が話題になっている。外国人観光客の沖縄への流入も増えており、経営環境は良好だが、ＡＮＡグループやスカイマークも攻勢を強め、競争が激化している。ＡＮＡグループのピーチが沖縄を「第二の拠点」として、国際線を含むネットワークを拡充しているほか、ＡＮＡは那覇にＭＲＯ（第6章参照）の基地を２０１５年に開設する。

だが、ＪＴＡは沖縄で微妙な問題も抱えている。地元資本が49％参加しているものの、筆頭株主はＪＡＬなので、地元への貢献度が低いとの不満が聞かれるのだ。

１９９０年代には地元資本による新会社「レキオス航空」設立の動きが本格化（就航直前で破綻）したほか、２０１０年のＪＡＬ再生にあたって地元資本への完全売却の要望も出されたが、ＪＡＬはＪＴＡを手放さなかった。また、企業としての経営が軌道に乗ってきた反面、従業員には長年にわたる厳しい労働条件の維持を求められることへの不満も高まっている。さらに、沖縄は台風など気象条件による欠航も多く、経営に厳しい環境にある上、コストが高くなると事業基盤が崩れる恐れもあることから、経営には難しい舵取りが求められる。

ＪＴＡはＢ７３７の後継機として、Ｂ７３７―８００を12機発注した。２０１６年１月から更新が始まるが、ＭＡＸシリーズ（後述）への変更も可能なオプション付きだ。沖縄には国際線の乗り入れも増えていることから、今後の課題は、台湾、韓国など、近隣諸国との国際線の開設だろう。

## 未来を問われるアイベックスエアラインズ

スカイマークの社長の座を追われた大河原《おおがわら》順一が出資者を募り、１９９９（平成11）年に設立したのがフェアリンク（現アイベックスエアラインズ）だ。

大河原の狙いは、「価格競争にならないローカルのニッチマーケットで活躍するコンビニのようなキャリア」だった。日本デジタル研究所、美術品販売のアールビバンなどから資金を集め、50席のリージョナルジェットのボンバルディアＣＲＪを使って、仙台を拠点に２０００年に就航した。だが、営業体制が整わず、当初から販売業務はＡＮＡに委託し、ＡＮＡの下請け運航会社の様相を呈していた。

機材は当初、ボンバルディアＣＲＪ１００と同２００（各50席）で、仙台～関空・広島・鹿児島線などを運航していたが、４年経っても黒字化の目処が立たず、大河原は社長職を追われた。そこで、最大株主の日本デジタル研究所が主導権を握り、運航拠点を伊丹に移して積極的に国際線との接続輸送を受託するなど、戦略を大きく修正。そして２００７年には、ＳＮＡの社長だった服部浩行が移籍して社長に就任した。

２００９年にＣＲＪ７００ＮＧ（70席）を導入したことでアイベックスの輪

**▼アイベックスエアラインズの概要**

| | |
|---|---|
| 資本金 | 42億円 |
| 従業員数 | 319人（2013年７月現在） |
| 保有機数 | 9機 |

※2014年4月現在

送力は増強され、採算性も高まった。2012年7月には4号機を導入し、新路線の開設と既存路線の再編を行ったが、2013年2月には5号機を入手したためCRJ100と同200の1機を予備機に回せるようになり、運用は楽になった。現在は50席機4機と70席機5機の9機で10都市に乗り入れている。CRJの機内は清潔で乗り心地も良いが、運賃は大手並みなので、「可もなく、不可もない」といったところだ。

2014年3月期の売上高は124億3600万円（前期比10・7%増）、純利益2億8500万円（同43・7%減）だった。アイベックスは、ANAグループが所有していない「100席以下のジェット機」を主力にニッチ市場を狙っているため、両社は現在、補完関係にあると言えるが、ANAが90席のMRJ（三菱リージョナル・ジェット）を発注したことで状況が変わりつつある。2010年はANAのマイレージから離脱し、運賃も多少割引率を高めるなど、独自性を出すようになった。

路線の改編が増えているが、将来的には独立したブランドと予約システムが必要だ。ANAへのMRJの就航が予定される2017年には、アイベックスが得意とする「ニッチ市場」は狭まることから、現状維持は難しくなる。新たな市場に挑戦するのか否かの決断に迫られるが、そのためには親会社の日本デジタル研究所の意向が強く反映されることだろう。

# 第4章　常識を変える旅客機の登場

## 【全景①】新素材が航空旅行を変える

### 軽く丈夫な新素材

航空輸送が始まった頃の旅客機は、木材の桁と骨組みに硫酸セルロースで布目つぶしをした羽《は》布《ふ》張りの翼と、鋼管または木材の枠組みに羽布で覆いをした胴体の組み合わせが一般的だったが、アルミニウムが航空機に革新をもたらした。

鉄の3分の1という比重の軽いアルミニウムは航空機に魅力的な素材だったが、軟《やわ》らかい上に引っ張り強度が弱いため、補強するためにアルミ合金が研究された。銅、マグネシウムとマンガンを加えた「ジュラルミン」（ラテン語で「硬い」を意味するジュラスとアルミニウムを重ねた合成語）は、軽いながらも強度は軟鋼に匹敵するため、航空機にうってつけの素材となった。さらに、軽量、強度に優れたチタンも実用化。重さはアルミの1・76倍、鉄の約6割ながら、強度はアルミの6倍、鉄の2倍ある。

1980年代から注目されたのが炭素繊維だ。アクリル樹脂や石油からとれるピッチなどの有機物質を原料に、高温のなかで炭化させて作る。比重は鉄の4分の1ながら、強度は10倍もある。ちなみに、最新の超大型機A380では炭素繊維と後述する炭素繊維の複合材を50～60トンも使用している。

また、近年熱い注目を集めているのが、これらの素材を混ぜ合わせた、より高い機能を発揮する「複合材」だ。プラスチック材料のエポキシ、アルミ、ポリアミドを基礎材に、ガラスやグラファイトなど強化繊維で固めたガラス繊維強化プラスチック（GFRP）、カーボン繊維やボロン繊維とプラスチックを組み合わせた炭素繊維強化プラスチック（CFRP）、玄武岩繊維強化プラスチック（BFRP）などがある。

エアバスはA310で初めてCFRPを採用して以来、使用を拡大しているが、A380では胴体と主翼をつなぐ中央翼のボックスにCFRPを採用することで、アルミ合金に比べて4割軽くできた。ボーイングも積極的に使用しており、B787では燃費効率を高めるために胴体、翼を中心に、自重《じじゅう》の半分に相当する約35トン（1995年に就航したB777は10％だった）を複合材にして機体の軽量化を図った。

複合材は良いことずくめに見えるのだが、材料が高価なこと、使用実績がまだ浅いために経験が少ないこと、製造に高度な技術と大規模な設備が必要なことが今後の課題だ。また、製造段階で品質にムラが生じても外観からは分かりにくいという側面も持つ。さらに、使用する現場でも課題はある。摩耗や消耗がほとんどないためにオーバーホール（構造部を含む大規模整備）の間隔を広げられるなど、保守管理の手間とコストは少なくなるが、落雷などで部品がダメージを被った場合には、丸ごと交換しなければならず、修理の費用がかさむ可能性がある。

細かい加工精度と高い品質が要求される航空機部品には、極めて厳しい品質管理が不可欠だ。新たな素材は課題も多いが、「軽くて丈夫」な機体ができれば、同じ推力のエンジンでも搭載量を増やせるため、より速く、より長い距離を飛行することができる。さらに、近年のように燃料が高くなってくると、燃費の良さも重要なので、新機種開発における新素材の役割はますます高まっている。

## 身体への負荷を軽減する

複合材の使用による乗客にとってのメリットは、居住性が格段に改善され、空の旅が疲れにくくなることだ。

航空機は、ジェット機になって以降、空気抵抗を減らすために高空を飛ぶようになったが、従来の機種では、高空で機体を守るために居住性を下げざるをえなかった。高度1万2000m付近での気圧は地上の5分の1、温度はマイナス50～60度だが、機内の気圧を地上と同じに保つと機体は膨張し、外板を損傷する危険性がある。したがって、現行機の基準では、高度1万mでも機内の気圧は最大8000フィート（2438m。富士山の6・5合目と同等の高さ）にとどめているため、耳の異常や頭痛を引き起こすことがある。

しかし、B787とA350XWBは、機内の気圧を高空でも6000フィートの高度と同等の気圧に保っているため、乗客の身体は楽になる。ボーイングの分析によれば、人間の体調を左右する分岐点が7000フィートの気圧だという。

また、ジュラルミンなど金属を使用した胴体は錆が大敵なので、従来は湿気を排除するために湿度を8～0％（サハラ砂漠以下）にまで下げていた。すると、肌からは1時間に80ccもの水分が奪われるため、乾燥に悩まされる乗客も多かった。しかし、機体に複合材を使用しているB787は錆の心配がないため、旅客機として初めて加湿器を使用。湿度を従来の2倍以上となる12

〜15％に高めているので、乾燥度は格段に緩和されている。

従来の旅客機では、動力には電気、高温高圧空気、油圧が使用されていたが、B787では徹底的に電気化、電子化された。燃費を向上させるために、暖房にはエンジンからのブリードエア（高圧高温空気）ではなく電気ヒーターを使用し、客室の温度をセクションごとに細かく設定（A350XWBでは6〜8ゾーンごと）できる。

A350XWB

A350XWBのユニークなインテリア

これらの効果によって、乗客から「耳が痛くならない」「肌のツッパリ感がない」「足がむくまない」「コンタクトレンズが乾かない」など、さまざまな声が聞かれる。筆者も、いつもの「地上と異なる違和感」がなくなっただけでなく、飛行翌日の疲労感がまったく違うように感じた。これまでは体が重く、「地球の重力に逆らっての高速移動が原因」と諦めていたが、新素材のおかげで「快適で疲れにくい航空旅行」を楽しめるようになった。

さらに、胴体を丸ごと複合材で作ったB7

87は機体の強度が増しただけでなく、胴体に2つの円を重ね合わせた断面を採用したことで高さのある空間が確保できた。これにより、窓が上下に47㎝、左右に28㎝と、既存機の1・3倍も大きくなっており、明るさが機内の快適さに寄与している。

客室内の照明には、従来の蛍光灯に代えて発光ダイオード（LED）を採用し、光度だけでなく色調の選択が増したことから、状況に応じたライティングが可能になった。単なるオン・オフだけでなく、食事時間、寝覚め時間、朝、昼、晩など状況に合わせたムード照明もできることから、ソフトで目に優しい客室が実現した。

## 【全景②】4発機の時代は終わったのか

### 双発機の性能が格段に向上

最近、航空会社の旅客機発注に変化が起きている。4発エンジン機への発注が激減しているのだ。ベストセラーだったジャンボ旅客機（B747）は「超大型」ゆえに価格も高額だったが、2000年代に入ると発注が激減。燃油価格の高騰で、新世代のジャンボ機（B747―400）でさえ、採算が厳しくなってきたのだ。

最初のジャンボ機が誕生した1970年代の原油価格は、1バレル（約159リットル）当たり3～10ドル程度だったので、ジャンボ機の座席が36％埋まれば、採算に合うと言われていた。
しかし、1980年代には30ドル台になり、省エネと操縦室を電子化した新世代のB747―400が開発されたものの、原油価格は騰勢を強め、昨今では100ドルが定着した。

エアバスの超大型機A380

「ジャンボを超える超大型機」であるエアバスA380は、最新技術に加え、「B747―400よりも燃費を1座席当たり17％も向上させて」（エアバス）、2007（平成19）年に登場した。当時、カタログ価格では1機280億円もしたのだが、たちまち100機以上の注文を集め、一躍花形機になった。ところが、2012年から受注が止まり、2013年には「ゼロ」かと思われたが、11月にエミレーツが50機の注文を出し、ほっと一息をついた。当初の見込みでは、今頃は600機程度の注文を集める見込みだったのだが、まだ半分の324機にとどまっている。

では、航空会社の発注はボーイングの新型ジャンボのB747―8に流れているのかと言えば、そうでもない。ボーイングは翼を一新し、B787の新技術を盛り込んだB747―8を201

2年に投入。貨物型はそこその注文を集めているのだが、旅客機は奮っておらず2013年末での受注数はわずか43機に過ぎない。航空会社は重点を双発機に置いているのだ。

確かに近年、双発機の効率化、大型化は急速に進んでいる。1982（昭和57）年に就航したB767—200の収容力は最大255席だったが、1995年に就航した双発機B777—200では405席に拡大。この間にエンジン1基当たりの推力は1・8倍に向上している。その結果、最新型のB777—300ERでは、3クラスで365席（B747—400は416席）を収容し、航続距離はB747を上回る1万4686㎞にまで達する。さらに、エンジンの推力が強くなった上に、燃費も改善された。したがって、定員は12％少ないものの運航コストは2割安いので、十分に採算が取れるのだ。

以前は大きな機体ほどコストは割安になったものだが、B777やB787の登場で常識は覆った。

## 双発機に有利なルールの改正

従来の双発機の運航上の弱点は「洋上飛行での制限」だった。昔はエンジンの信頼性が十分でなかったことから、双発機には、緊急時に着陸できる空港から60分以上離れて飛行することを禁じる「60分ルール」が課せられていた。したがって、空港のある島伝いに飛ばなければならず、直線を飛べる多発機に比べて飛行時間が余計にかかるため不利だった。

ところが、昨今ではエンジンや飛行システムの信頼性が高まり、「60分ルール」は緩和された。B777では180分の距離まで離れての飛行が認められるようになり、太平洋、大西洋のほとんどの地域で多発機と同様の直行ルートでの飛行が可能になった。これによって、長距離国際線では、ハブ空港間を大型機で輸送するのが常識だったネットワークが、直行ルート化する変化が起きている。多くのキャリアが4発機を双発機に置き換えたほか、これまで需要の低かった中小都市から、中型機を使った直行便を開設しているのだ。

ボーイングの分析では、「多需要路線では、便数を増やせば利便性が高まり、乗客はさらに増える」と主張するが、エアバスは「大陸間を結ぶ路線では時差が制約になり、旅客の使いやすい時間帯は限られるので、人気の高い時間帯に超大型機を運航するのが最も効率が良い」との見解だ。どちらの主張も一理あるように思えるのだが、B747―8やA380の受注状況を見ていると、超大型機のサイズを必要としている路線はあまり多くないように思える。

また、A350―1000は3クラス標準で350席、B787の拡張型であるB787―10は3クラスで330席、B777―9Xは3クラスで400席が可能になる。ここまで収容力が大きくなればジャンボに匹敵し、大方の路線では十分なのだろう。

## 「ゲームチェンジャー」の登場

以前の旅客機の開発においては、大型化、スピードアップが最大の課題だったが、原油価格が大幅に上昇した１９９０年代からは経済性、環境性（静寂さ、省排気ガスなど）が重視されるようになった。

機体への新素材の採用とエンジンの改良によって燃費の改善は急速に進み、航続距離は大幅に伸びた。以前の旅客機で１万㎞（日本から米国東海岸や欧州までの距離）の路線を飛行できるのは、ジャンボやB７７７など３５０席（国際線３クラス）以上の大型機に限られていたため、路線を開設できるのは、少なくともB７７７での運航に見合う乗客を集められる高需要な市場に限られていた。しかし、燃費効率の良いB７８７は、２５０席程度の中型機にもかかわらず長距離路線を飛行できるため、B７７７で求められる需要ほど大きな市場でなくとも路線が開設できるのだ。典型例がJALのボストン線、サンディエゴ線、ANAのサンノゼ線だ。まったく新しい運用が可能になるため、B７８７は「ゲームチェンジャー」（ゲームの流れをまったく変えるもの）と呼ばれている。

燃費効率を考えると、世界の中・大型機市場はA350やB787などの双発機が中心になりそうだが、バイオ燃料など新世代の燃料が実用化されるときには、安全性で余裕を持つ4発機が再び脚光を浴びるのではないだろうか。バイオ燃料の価格はまだ現行の化石燃料並みに高いので、本格的に使用するキャリアはまだないが、コストダウンが進めば活用する航空会社は急速に増えると思われる。燃料費が半分になれば、消費量が2割多くとも採算に合うからだ。しかも、バイオ燃料は歴史が浅いだけに、当面は1~2基のエンジンが停止しても余裕がある多発機で実績を積むことになるだろう。

ところで、旅客機の開発競争はますます熾烈《しれつ》になっている。20世紀には数多く存在した旅客機メーカーも淘汰され、21世紀には150席以上の機種を製造するのは、ボーイング（B）とエアバス（A）の2社に集約されている。それによって、互いに相手の戦略が見やすくなったこともあり、両社の戦いはさらに激しいシーソーゲームになった。

1990年代から繰り広げられている「AB戦争」を①超大型機、②中大型機、③小型機に分けて振り返ってみよう。

## 【各景①】超大型機分野に切り込んだA380

## 「広く、ゆったり」が取り柄

中、小、大型機の開発に成功し、ボーイングの最大のライバルに成長したエアバスにとって未開拓地だったのが、ジャンボ機が独占していた超大型機の分野だ。ここにくさびを打ち込めれば、全階級でボーイング機と互角に対抗できる。しかし、大型機メーカーを自負するボーイングは、それを許すわけにはいかなかった。小・中型機の分野で並ばれても、長年大型機の開発・製造で培ってきた技術やノウハウは圧倒的に優勢なので、エアバスが簡単に超大型機を開発できるとは思えなかった。もし開発できても、航空会社は実績のないエアバスに発注するはずはないと考えていた。

だが大胆にも、エアバスはジャンボの対抗機として１９８９（平成元）年に「ウルトラ・ハイ・キャパシティ・エアクラフト」（ＵＨＣＡ＝超大容量航空機）構想を打ち出した。Ｖ字型に分かれた２枚の双垂直尾翼と５００〜６００人の旅客を乗せる幅広の胴体が特徴で、２００２年の就航を目指すことにした。

ＵＨＣＡはジャンボよりもひと回り大きかったため、１９９１年にボーイングは対抗機種として３つの構想を発表。ジャンボ機の胴体を延長した７４７ストレッチ、総２階建てにして３クラスで６５０席を収容するメガジェット、そして、まったくの新設計となる「ニュー・フージ・エアプレーン（ＮＬＡ）」だ。しかし、最低でも７０００億～８０００億円もの莫大な開発費がかかるため、ボーイングはエアバスに共同開発を提案した。そこで生まれたのが、６００～８００人を収容できる巨大な機体「ベリー・ラージ・コマーシャル・トランスポート（ＶＬＣＴ＝超大型商業用輸送機）」構想だった。

だがエアバスは１９９４年、ＵＨＣＡを母体にした５３０～５７０席（オールエコノミーでは８５０席）のＡ３ＸＸ—１００と、６３０～６８０席の同２００からなるＡ３ＸＸの構想をまとめて発表。そして１９９７年末に発表した５５５席でまとめた詳細計画によって、航空会社からＡ３ＸＸを評価する声が高まった。最大のポイントは基本設計の新しさだった。

それに対してボーイングは、「Ａ３ＸＸは大きすぎる」と批判をしながらも、ジャンボ機をひと回り拡大した「スーパージャンボ」構想を発表。既存機をベースにする強みを活かし、開発コストの安さや開発期間の短さをアピールしたが、改造が広範囲に及ぶためにパイロットの再教育と空港施設の改修が必要なことが分かり、優位性は崩れた。

そこで体制を組み直して、７４７Ｘシリーズを２０００年に発表。エンジンの出力を増し、主翼を改修して航続距離を８００㎞延ばした７４７—４００Ｘ、客室を少々広げて定員を４３０人に増やし、航続距離を１万６６２０㎞に延ばした７４７Ｘ、機体を思い切って10ｍ延長して５２

２人乗りとし、航続距離を１万４４５０㎞にした７４７Ｘストレッチの３機種だ。特に７４７Ｘストレッチは完全なＡ３ＸＸ対抗機種で、既存機の改良で開発費を抑えられることから、一から作るＡ３ＸＸより１年早く就航し、より低価格になることを強調した。

だが、中東のエミレーツがＡ３ＸＸ発注の意志を表明したのを皮切りに、シンガポール航空、エールフランスなど８社がエアバスに軍配を上げ、エアバスは62機の受注を獲得した。対するボーイングは、ジャンボ機の顧客リストをもとに１年間の必死な営業活動を繰り広げたにもかかわらず、１機も正式注文を取れなかった。

エアバスは２０００年12月に生産を決定（インダストリアル・ローンチ）し、機種名をＡ３８０とした。世界の航空会社は、価格は割高ながらも新世代の機体を選択したのである。

## ５割重いがジャンボ同様の運用が可能

Ａ３８０の基本型Ａ３８０‐８００は、ジャンボ機（Ｂ７４７―４００）と比べて全長で２・26m、全幅で15・32m長く、全高で４・85m高い。特に目立つのが胴体の太さで、１階の主デッキの最大幅がジャンボよりも46㎝広い６・58m、２階が１・86m広い５・92mもある。したがって、国際線３クラス制の標準仕様が５２５席で、ジャンボ（３７０席）に比べて１５５席（42％）多い配置になっている。

最大離陸重量は560トンとジャンボの363トンを50％以上も上回るが、ジャンボよりも4本だけ多い計22本のタイヤで支え、離陸距離もジャンボ機並みの3033mで収めるなど、既存の空港で運用できるようにした。

A380の操縦装置には最近のハイテク機に導入されているフライ・バイ・ワイヤ方式（スティック状の操縦桿の動きをコンピューターが読み取って、方向舵や補助翼などをコントロールする方式）が採用されているので、大きな力を加えることなく操縦できる。従来の5割増しの客室スペースを持つ大型機でありながら、マッハ0・85とジャンボ機同様の速度で飛行できるのも驚きでもある。

エアバスが「A380は空港の混雑緩和にも有効」とアピールしているように、発着枠を簡単に増やせない空港で供給座席を増やすのには効果的だ。

## エンジンの換装も視野に

現在就航しているのは、基本型のA380―800だけだが、計画されている派生型は8機種もある。

①Ａ３８０―７００（胴体短縮型）
②Ａ３８０―８００（基本型／３クラスで５２５席、航続距離１万５１８６km）
③Ａ３８０―８００Ｃ（貨物混載型／旅客は３９７～４５４席）
④Ａ３８０―８００Ｆ（貨物専用型／貨物１５０トン、航続距離１万４００km）
⑤Ａ３８０―８００Ｒ（超長距離用）
⑥Ａ３８０―８００Ｓ（短距離用）
⑦Ａ３８０―９００（胴体延長型／３クラスで６５６席、モノクラスで１０００席）
⑧Ａ３８０―９００Ｓ（胴体延長型・短距離用）

次に開発されるのは貨物専用型Ａ３８０-８００Ｆの予定だ。１５０トンもの貨物を搭載するために、天井を10㎝高くして容量を増やすほか、炭素繊維を22％、リチウムアルミニウムを９％使用して、さらなる軽量化と強度の増強が図られる。ただ、世界的に貨物需要が低迷していることもあって、開発は棚上げされている。旅客型で要望が多いのはさらに大きな機体で、胴体延長型のＡ３８０―９００は、全席エコノミークラスであれば約１０００人を収容できるという。

だが、エアバスにとって深刻なのは基本型Ａ３８０―８００の受注が思うように伸びないことであり、派生型に進むよりも、現流機種のテコ入れが必要になってきた。そこで、燃費効率を高めたエンジンを開発し、A380—800に装備する案がささやかれている。

## 安さをアピールB747—8

ジャンボの後継機の開発を諦めたボーイングは、ジャンボ機の改良で対抗することにした。それが2010（平成22）年2月に初飛行したB747—8i「インターコンチネンタル」と貨物型のB747—8F「フレイター」がある。開発の主眼点は、「新技術と大きな収容力」「同クラスで最高の経済性」だった。

そのため、B747—400の胴体を前方で160インチ（約4・06m）、後方で60インチ（約1・52m）、主翼を左右1・83mずつ延長する形で再設計した。断面形に最新の空力技術を採用し、翼端にはレイクド・ウイングチップを付けた。これによって、空気抵抗が1〜3％減るほか、新型エンジンの採用で燃料消費が5〜7％改善され、機体全体ではB747よりも燃費が16％向上し、航続距離を1万4800kmまで延ばすことができた。

ジャンボ機の改良型として開発されたB747—8i「インターコンチネンタル」

ラクダのコブのような２階部も約４ｍ延長しているので、外観はこれまでのジャンボ機よりも「長身」に見える。機体構造の基本設計は変わらないものの、Ｂ７７７やＢ７８７で開発された新技術を織り込んでいる。ちなみに、シリーズ名称の「―８」は、航続距離８０００海里（約１万４８１６㎞）から付けられたと説明されているが、ヒット商品になったＢ７８７の人気にあやかるというのが本音だろう。

客室も一新。頭上の収納スペースをすっきりさせて乗客１人当たりの格納スペースを２倍に増やし、オーディオ・ビジュアルなど娯楽設備を格段に充実させた。標準座席数は国際線用３クラスで４６７席、２クラスで５２４席だ。

開発は、貨物型が先行した。２００５年11月に、ルクセンブルクの貨物航空カーゴルクスが10機、日本貨物航空が14機を発注したことで、ボーイングは開発を正式決定した。貨物航空会社にとっては、以前のＢ７４７型との共通点が多いことや、Ａ３８０の全貨物型の開発が進んでいないこともあり、迷うことはなかっただろう。

しかしＢ７４７―８ｉの受注が伸びない。ルフトハンザ航空が２００６年12月に20機（別途20機をオプション契約）発注したものの、これは以前からのルフトハンザの「Ａ３８０とＢ７７７の間を埋める機種が必要」という持論に基づくものだ。その後も大韓による発注（10機）などにとどまっている。

ボーイングは、ジャンボ機ユーザーの航空会社に、導入コストの安さをアピールする。機体価格がA380の4億1440万ドルに対して、3億5690万ドル（いずれも2014年4月時点のカタログ価格）と16％安い上に、前モデルのB747―400との共通性が多いために、支援機材や部品、乗員の養成費などが安くつく、とアピールしている。

一方、エアバスはB747―8と比べてもA380の方が優れていると牽制。エアバスの主張では、1座席当たりの燃費をB747―400と比較すると、B747―8は12％少ないがA380は17％少なく、A380はB747―8に対して10％低いという。また、A380の客室内の騒音はB747―400と比べて約5デシベル低い、と構造の新しさによる優位点を強調する。

ボーイングとしては、ジャンボ機を蘇生させようと、少なからずの開発費を掛けたのだが、機体構造の基本設計は変わらないため基本技術が新世代に対応できていないこと、エンジンがゼネラル・エレクトリック製に限られているためにロールスロイス製エンジン使用機のユーザーが発注しにくいことに加え、B747の名称が古くなって利用者にインパクトを与えられなくなっているからではないだろうか。

表13　B787各型の仕様

| | 全長(m) | 全幅(m) | 全高(m) | エンジン | 最大離陸重量(トン) |
|---|---|---|---|---|---|
| B787-8 | 56.7 | 60.2 | 16.9 | GEnx／RRトレント1000 | 220 |
| B787-9 | 62.8 | 60.2 | 17.0 | | 245 |
| B787-10 | 68.3 | 64.8 | 17.1 | | 251 |

B787-9

## 【各景②】中型機B787とA350対決

### 燃費が2割向上する高効率性

超大型機の開発で、A380に敗れたボーイングは、2001（平成13）年に戦略を転換し、就航から時間が経った中型機B767のリニューアルに乗り出した。新たなコンセプトは、音速に肉薄するマッハ0・95のスピードを誇る超高速の「ソニック・クルーザー構想」だったが、燃料高に苦しんでいた航空会社からの支持を得られなかった。そこで、2005年12月に経済性に優れたB7E7（2003年にB787に改称）に変更したところ、多くの航空会社が大量の発注をしたことから、ボーイングは自信を深めた。

B787が高効率を実現できた最大の要因は、胴体と主翼の構造部のほとんど（重量ベースで50％）が炭素繊維強化プラスチック（CFRP）などの複合材で造られていることだ。

機体サイズは、長さ56・7m、幅60・2m、高さ16・9mと、全長と全高はB767―300並みなのだが、浮力を高めるためにB777―200に匹敵する長い翼を持っている（表13）。標準型（B787―8）の座席数は3クラスで210〜250席、航続距離は約1万5000㎞にも達する。また、B767―300と比べて胴体がひと回り太いので、客室の幅は76㎝も広くなり、乗客数が1割増え、速度が6・25％速くなり（巡航速度はマッハ0・85）、航続距離は6割増、燃費効率は2割向上する。その結果、成田からニューヨークまでの路線を想定すると、以前に多用されていたB747の7割の乗客を乗せながら、燃料は56％で収まる。さらに、床下の貨物室には大型コンテナを2個並べて収容できるため、貨物の搭載量は6割増えて16トンになった。航空会社は、旅客だけでなく、貨物でも収益を増やせる。

B787は、B767と比べてはるかに高機能、高品質ながら、価格を約2割高程度に抑えた。ANAが2004年4月に50機の確定発注を出し、同日付でボーイングがローンチを決定すると、各社が後に続いた。8月にニュージーランド航空がB787‐9を2機、12月にJALが30機という具合で、2005年までに291機の発注があったことから、ボーイングには明るさが戻った。

## A350XWBの売りは広い胴体

エアバスは、超大型機で「戦勝」気分に浸っていたが、B787に注文が殺到し、中型機A330への注文が激減したのを見て危機感を抱いた。慌てたエアバスは、「複合材を50％も使ったB787はリスクが大きく、失敗するだろう」と牽制し、しかし、A330を一部手直ししたA350構想で182機の受注を集め、2005年10月に早々とローンチした。A380の開発で得た技術を活かしたとは言うものの、航空会社からの評判は芳しくなく、受注は伸び悩んだ。

そこで、エアバスは重大な経営判断を下した。2008年と予定されるB787の就航から5年遅れるものの、胴体と主翼も新規に設計し、仕切り直したA350XWBを2006年12月にローンチしたのである。

A350XWBは、より太い胴体を用いることによってB787を上回る効率性を目指している。機体の70％以上に新素材（A350は11％）を採用し、特にCFRPはA380の22％と、B787を上回る53％に達している。チタニウムは14％、アルミニウム合金は19％、鉄6％、その他8％（ちなみにB787はCFRP50％、チタニウム15％、アルミニウム合金20％、鉄6％、その他6％）だ。ボディが軽量になったうえ、トレントXWBエンジンとの組み合わせて燃費効率が既存の競合機よりも大幅に向上した。複合材の多用、経済性などB787の好評要因を取り込んだ上に、B787よりも広い客室とあって、航空会社の人気は急上昇した。

客室の特徴は、左右で5・58mもある幅の広さだ。横9席配置では18インチ(45・7cm)幅の座席を提供できるが、横10席のエコノミー席にすることも可能だ。B787よりも12・7cm広い胴体には最大35席多い座席を配置できるので、「A350―900の座席キロ当たりの平均運航コストは、B777―200ERよりも25%、B787―9よりも7%優れており、機体の整備コストはB787―9よりも10%、777―200ERよりも60%少ない」とエアバスは主張する。

標準型のA350―900は314席(3クラス)で、最大1万5000kmの航続距離を誇る。ロンドンからは豪州を除く全世界の都市に、上海からは南米とアフリカ西部を除く都市に到達が可能だ。巡航速度はB787と同じマッハ0・85である。

A350XWBは、基本型A350―900以外に2種の派生型を計画している。全長を6・35m縮めたA350―800(座席数270席、航続距離1万5750km)と、全長を6・98m、全高を3cm伸ばしたA350―1000(350席、1万5600km)で、ライバルはB787のみならず、より大型のB777

**表14　A350XWB各型の仕様**

| 機種名 | 全長(m) | 全幅(m) | 全高(m) | エンジン | 最大離陸重量(トン) |
|---|---|---|---|---|---|
| A350-800 | 60.5 | 64.8 | 17.1 | RRトレントXWB-75/79 | 248/259 |
| A350-900 | 66.8 | 64.8 | 17.1 | RRトレントXWB-84 | 268 |
| A350-1000 | 73.8 | 64.8 | 17.1 | RRトレントXWB-97 | 308 |

表15　B787とA350XWBの各型比較

【B787】

| 機種名 | 座席数(3クラス) | 航続距離 | 就航予定 |
|---|---|---|---|
| B787-8 | 210〜250席 | 15,200km | 2011年 |
| B787-9 | 250〜290席 | 15,700km | 2014年 |
| B787-10 | 300〜330席 | 13,000km | 2018年 |

【A350XWB】

| 機種名 | 座席数(3クラス) | 航続距離 | 就航予定 |
|---|---|---|---|
| A350-800 | 270席 | 15,750km | 2016年 |
| A350-900 | 314席 | 15,000km | 2014年 |
| A350-1000 | 350席 | 15,600km | 2017年 |

※B787-8は就航済み

7とB777Xを想定している（**表14・15**）。

A350XWBのローンチに対して、ボーイングはB787の胴体を6・1m延長したB787—9の開発を決定した。座席数を約40席増やす（3クラスで290席）ことで座席当たりの燃料消費の効率が向上し、航続距離は500km長くなるため、A350—900に対抗できる。国内線のモノクラスで運航すると400席以上を確保でき、B777並みの輸送力で運航コストは2割安いとなると、相当魅力的だ。

## 追い上げるA350XWB

ボーイングはB787で先行する優位性を活かし、リードした時間でなるべく多くの機体を納入し、A350XWBに流れる需要を取り込もうとしたのだが、試験飛行のスケジュールは5回（2年）も延期され、時間的優位性は少なくなった。初飛行は2009（平成21）年12月にようやく実現し、2011年

11月にANAの路線に就航した。2012年には生産も軌道に乗り、就航社も増えつつあったのだが、2013年の年初に起きたリチウムイオン電池のトラブルでさらに3カ月の時間を空費した。

A350XWBも初飛行は半年遅れたが、2013年6月にA350―900の初飛行を成功させ、同日までに613機の注文を取り付けている。試験飛行が予定どおりに進めば、欧州航空安全庁(EASA)と米連邦航空局(FAA)の型式証明を2014年後半に取得し、下期にはカタール航空に引き渡される。

A350XWBの次の開発はA350―800だ。2015年の初飛行、2016年に納入開始を目指しており、A350―1000は2016年の初飛行、2017年中期に就航予定だ。これらの型の開発が順調に進めば、B777―200LRの対抗機種となる長距離型(航続距離1万7600㎞)のA350―900Rや、貨物型のA350―900Fの構想もある。

一方のボーイングは、B787―8の生産を拡大し、A350―900に対抗するB787―9の初飛行を2013年9月に終え、2014年夏から航空会社への引き渡しを始めるが、さらにB787―10の開発を前倒し、2013年にローンチした。B787―9の胴体をさらに5・5m伸ばし、300~330席(3クラス)を予定している。民間航空機部門のレイ・コナーCEOは、「歴史上もっとも効率的な航空機」と胸を張り、「1座席当たりの燃費効率は同クラス

（B777）よりも25％向上し、将来提供される競合機（A350—1000）を10％上回る」と自信を示した。ちなみに、A350XWBの受注数は812機と、B787の1031機（いずれも2014年4月末現在）を追い上げている。

A350XWBは輸送力と燃費効率の良さを売り込んでいるが、それに対しボーイングが打ち出したのが、B777のリニューアルを早めて、かつ大型化する「B777X」構想で、2013年6月に発表した。

最大の使命は、A350—1000のコストに並ぶことだが、既存の胴体を活用する（主翼の複合材は増やした）となると、胴体を延長して搭載客数を増やす必要がある。B777—8Xでは350席、B777—9Xでは400席（いずれも3クラス）を想定し、B777—200やB777—300ERに比べて燃費効率で20％、整備コストで15％の削減を目指している。ちなみに、ANAが発注したのはB777—9Xである。

日系キャリアの発注は、JALがA350XWB、ANAがB777—9Xと分かれており、利用客としては両方の機種を体験できるのはうれしいことだ。

## 【各景③】次世代小型機は「neo」対「MAX」

## 両社とも驚異の販売数

150席クラスの小型機のリニューアルを先に手掛けたのはエアバスだった。B737の全面リニューアルを予定していたボーイングに対し、エンジンを中心としたマイナーチェンジで燃費を向上させ、差し迫っている顧客のニーズに早く対応することを優先したのだ。

世界で最も売れているジェット旅客機はB737とA320だが、B737は誕生から半世紀が経とうとしている。初期のB737は、ダグラス社のヒット商品であるDC―9に対抗するために開発されたもので、1968（昭和43）年に初めて就航した。客席103席、航続距離3400㎞のB737―100と、乗員の2人乗務が認められて経済性が向上した改良型のB737―200（134席）で定評を得て、両機種で合計1125機を販売した。操縦時の安定性を向上させ、機材を多少大型化するとともに高性能のエンジンに換装した「新世代シリーズ」がB737―300（1984年初就航、乗客数149席・航続距離3009㎞）、B737―400（168席）、B737―500（138席）で、合計1988機が生産された。

さらに、機体を大型化し、操縦室の電子化など最新技術を盛り込んだのが「次世代（NG）シリーズ」だ。座席数が132席と少ないB737―600、航続距離が6037㎞と長く149席を設けたB737―700、座席数が189席と多いB737―800、最大座席数220席の胴体延長型B737―900の4機種を揃え、現在販売中である。また、1998年からは燃費の節約を目的としたウイングレットを採用している。1000海里（1852㎞）以上のフライトであれば、燃料消費を3・5～4・0％改善できることもあって、生産数は4機種で5006機にも達している。

一方、中型機A300、A310で旅客機市場に足場を作ったエアバスが次に狙ったのが小型機市場で、新技術を果敢に盛り込んだA320（最大180席、航続距離4900㎞）が1988年に就航。さらに、1994年に長胴型のA321（220席）、1996年に短胴型（航続距離3360㎞）のA319が就航している。

その後、さまざまな改良が加えられているが、2012年には主翼の翼端を上方に曲げる大型のフィン（エアバス名：シャークレット）を装備することにより、燃料消費が3・5％改善され、航続距離が伸びた（2012年就航）。現在までに6046機が納入されている。

## マイナーチェンジで激突

1990年代から、両社は小型機クラスの後継機の検討を始めた。新たな胴体、主翼とエンジンの組み合わせで、まったく新たな機体を開発する案もあったが、一方で新規開発による機体価格の上昇や、取得時期の遅さが懸念された。

その葛藤に先に決断を下したのがエアバスだった。２０１０年12月に新エンジンとシャークレットを採用し、燃費効率を15％高めたＡ３２０ｎｅｏ（new engine option）を発表した（**表16**）。選択できる新エンジンは、ＣＦＭインターナショナル社のＬＥＡＰ―１Ａとプラット&ホイットニー社のＰＷ１１００Ｇの新世代のターボファンだ。ＰＷ１１００Ｇはギヤード・ターボファンエンジンの一種で、ファンの回転数だけを変化させて最適にする機能を備えたエンジンだ。

**表16　A320neoシリーズの概要**

| 機種名 | 座席数（2クラス～最大） | 就航予定 |
|---|---|---|
| A319neo | 124～156席 | 2016年前半 |
| A320neo | 150～180席 | 2015年10月 |
| A321neo | 185～220席 | 2016年後半 |

A320neo

計画が発表されると、驚いたことに短期間で１０００機近い大量受注を集めた。これを見たボーイングは、新規開発によって性能が多少上回るよりも、取得時期に空白が生まれるリスクを回避する決断を２０１１年８月に行った。ＣＦＭインターナショナル社のＬＥＡＰ―１Ｂエンジンとウイングレット、Ｂ７８７型の垂直尾翼を採用し、燃費効率をＢ７３７ＮＧに比べて13％高めたＢ７３７ＭＡＸを発表し

表17　B737MAXシリーズの概要

| 機種名 | 現行機種 | 座席数（2クラス～最大） | 就航予定 |
|---|---|---|---|
| B737MAX-7 | -700対応 | 126～149席 | 2017年 |
| B737MAX-8 | -800対応 | 162～189席 | 2017年 |
| B737MAX-9 | -900対応 | 180～215席 | 2017年 |

B737MAX-8

たのである。
B737は主翼から地面までの間隔が短く、ファンの径の大きなLEAPエンジンをそのまま吊り下げられないが、エンジンナセル（収納部）の底部をフラットにしたおむすび型のLEAP—1Bを開発するとともに、首脚を14cm伸ばすことで解決した。就航は2017年の予定だ（表17）。

## 全面リニューアルに始動

航空会社が機種を発注する際の一番の関心は、いかに経済性に優れているかだが、エアバス、ボーイング両社の主張は真っ向からぶつかっている。1座席当たりの運航コストの比較では、ボーイングが「737MAX—8はA320neoよりも8%安い」と主張するのに対して、エアバスはその真逆の意見で反論し、一歩も譲らない。ただ受注数は、A320neoが2600機、B737MAXが2010機と、エアバスがリードしている。

2020年代のローカル線やLCC市場においては、燃費を1ランク向上させたA320neoとB737MAXの戦いになりそうだが、エアバスは2030年を目途にA320の全面リニューアルの方針を明らかにしている。A320neoは新型エンジンによって燃費の15%向上を図ったが、そこから目標の20%改善を実現するには胴体や主翼の見直しが必要だ。新素材の大量採用を含めて一からの設計になることは間違いない。当然のことながら、ボーイングもいったん見送ったB737の全面リニューアルを実施して対抗すると思われ、2030年代には両社の新機種が激突することだろう。

## 【各景④】注目されるMRJの登場

### ローカル線で活躍する自国機

MRJ（三菱リージョナルジェット）は、日本初のジェット旅客機である。スリムな胴体と長い主翼が特徴で、燃費の良さと環境への優しさ、客室の快適性がセールスポイントだ。当初の計画では、座席数が30～40席だったが、2005（平成17）年度に70～90席に変更された。

高い経済性と客室の快適性を両立させるのが、スリムな胴体と高揚力の主翼、燃費の良いプラット&ホイットニー社製のギヤード・ターボファンエンジンとの組み合わせだ。同クラスの現行

**表18　開発が検討されているMRJの7タイプ**

| 機種名 | タイプ | 座席数 | 航続距離 |
|---|---|---|---|
| MRJ70STD | 標準型 | 70席 | 1,530km |
| MRJ70ER | 距離延伸型 | 70席 | 2,730km |
| MRJ70LR | 長距離型 | 70席 | 3,380km |
| MRJ90STD | 標準型 | 90席 | 1,670km |
| MRJ90ER | 距離延伸型 | 90席 | 2,400km |
| MRJ90LR | 長距離型 | 90席 | 3,310km |
| MRJ100X | ― | 100席 | 未定 |

スリムなデザインが特徴のMRJ

機種に比べて2割の燃費向上を目指している。当初は、主翼や尾翼に複合材を多用する予定だったのだが、製造コストを抑えるため、２００９年に主翼はアルミ合金に代えられた。

　胴体は直径２・96ｍの真円断面、客室の最大幅は２・76ｍで、最大高２・03ｍを確保し、競合機よりもゆとりのある客室を実現している。実際に横４列配置の座席に座ってみると、左右の空間に余裕があり、２ｍ近い身長の人でも通路を屈まずに歩ける。しかも、座席上の荷物棚には大型のキャリーバッグを収納できるので、出張族には重宝されるだろう。

　操縦装置には最新のデジタル電子技術（フライ・バイ・ワイヤ）が採用されており、省力化と安全性の向上に寄与している。

現在、開発が検討されているのは表18に示した7タイプだ。開発の順番は、MRJ90を先行し、次いでMRJ70を予定している。

機体のサイズは小型・リージョナル（RJ）機ではあるものの、居住性は大型機並みで、最新技術や燃費効率の良さなど性能に対する評価は高い。しかし、機体価格が高いのが難点だ。ライバルであるエンブラエル社とボンバルディア社のRJは27億円前後、スホーイ社SSJは約25億円と伝えられるなかで、MRJは30億～40億円だ。MRJのクラスの世界市場は、今後20年間に5000機の新規需要が見込めるが、三菱はMRJの採算ラインを350～400機と弾き、少なくとも1000機を受注したいとしている。

## 世界での販売体制を構築

三菱は2007（平成19）年10月に販売活動を開始し、2008年3月にANAから25機のMRJ90を受注（内10機は仮発注）した。ANAとしては「国家プロジェクト」への協力といった形での発注だったが、B737―500の後継機としての活用を考えている。ANAは、リージョナル機では72席のプロペラ機Q―400と126席のB737―500との間を埋める機種を保有していないので、市場に見合った機材配置が可能になる。MRJを自社グループで運航するようになれば、現在接続輸送を担っている地域航空のアイベックスに頼る必要もなくなるわけで、両社の提携関係も見直すことになるのではないだろうか。

２件目の成約は、２社のリージョナルエアラインを傘下に持つトランス・ステーツ・ホールディング（確定50機、仮発注50機。２００９年10月）だった。傘下に２社の地域航空会社を持ち、大手の路線でも受託運航。米国内50都市間に毎日３５０便のフライトを飛ばしている。３件目は香港を拠点にリース事業を営むＡＮＩグループホールディングス（確定５機。２０１１年６月）で、インドネシアの航空会社に貸し出す予定だ。

ＪＡＬやＦＤＡはすでにエンブラエル社のＥ１７０（76席）やＥ１７５（85席）を所有しているが、三菱はＡＮＡ、ＪＡＬの２社がリージョナル機をＭＲＪに切り替え、１００機程度購入することを期待している。初の国産旅客機である日本航空機製造のＹＳ―11の例を見ても、国内で自国製造機の人気が高まることは必至なので、日系キャリアも世論を無視できないはずだ。

しかし、国内におけるリージョナルジェットの需要は限られているため、三菱は世界での販売体制づくりに注力している。販売には代理店も活用するが、資本系列の三菱商事だけでなく、三井物産や住友商事とも代理店契約を交わし、世界におけるそれぞれのテリトリーを分けている（一部重複）。商社の広いネットワークと人脈、経験を活かそうという試みだ。また、現地で腰を据えた販売ができるよう、米国（テキサス州アディソン市。２００8年11月営業開始）と欧州（オランダ・アムステルダム。２０１1年5月営業開始）に現地法人の販売会社も設立した。

日本はYS―11で旅客機事業の実績はあるというものの、販売を中止してからすでに40年近い年月が経っており、海外の航空会社からすれば新規参入同然だ。また、実際の運用が始まってからのアフターサービス体制が完備していなければ、ユーザーとしても不安なため、２０１１年６月にボーイングとカスタマーサポート契約を交わした。世界的規模での補修部品の供給、現地での整備や運航の技術指導をフォローする。

## 競合ライバルが出現

別の観点で注目されるのがベトナムだ。三菱は、オフセット生産（機体の一部を現地で製造）と購入に対する国の支援を条件に国営ベトナム航空へＭＲＪの売り込みを行ったが、ベトナム側が期待していたオフセット生産範囲が三菱側の想定と大きく掛け離れていたために交渉は中断。その後、三菱側が他の機種（Ｂ７３７）の部品の現地生産を拡大し、購入資金については独立行政法人の日本貿易保険と国際協力銀行の低利融資を活用することを提案したことで交渉は再開し、ベトナム航空が20機（約６４０億円）を購入する方向で調整が図られている。

三菱航空機は、世界中の航空会社から大小さまざまな引き合いがあると言明するが、なかなか受注には結びついていない。初飛行を2回延期したために完成は1年半遅れの2015年第1四半期を予定しており、航空会社への就航は2017年の第1四半期になりそうだ。

実際の製造は名古屋地区を中心に行われるが、主翼の組み立ては三菱重工の神戸造船所、尾翼は松阪工場で製造され、県営名古屋空港に面した工場で組み立てられて初飛行に臨む。納入までのテスト飛行には北九州空港も使用される予定。

ところが、2013年半ばになって強力なライバルが出現した。今日のリージョナル機市場で大きなシェアを持つエンブラエル社が、現在販売しているEジェットシリーズのエンジンをMRJと同じギヤード・ターボファンエンジンに換装する「E2」計画を発表。主翼を設計し直し、客室もリニューアルして次世代機を誕生させるという内容だ。納入開始はMRJよりも半年から1年遅れの2018年になっているが、現在型で実績を積んでいるだけに信頼も厚く、2014年2月までにMRJを上回る400機を受注（確定は200機）している。

MRJのこれ以上の遅れは、受注に致命的なマイナス要因になる。万全のスケジュール管理で、1日も早く初飛行まで持っていってもらいたいものだ。

# 第5章　民営化で変わる空港の景色

## 【全景①】国管理空港が民間運営に
### 「上下を一体化」し、2015年度にも移行

海外では民営化された空港が珍しくないが、日本の空港もようやく民営化に向けて走り出した。運営が効率化し、状況に合わせた投資が積極的に行われることが期待されているが、同時に利用者目線のサービスが充実し、便利で、楽しい空港になってほしいものだ。

日本の空港整備は「空港整備5（7）カ年計画」に基づき、国が一元化して行ってきたが、運営は、①国（防衛省との共用を含む）管理、②地方自治体管理、③会社管理（成田・中部・関西）、とに分かれている。国管理空港は全国に28カ所あるが、国が担っているのは滑走路や駐機場など

の「下もの」で、空港ビルなどの「上もの」は、自治体や航空関連企業が出資するターミナルビル会社が運営している。着陸料や空港ビルの土地使用料などは国の空港整備勘定に入り、自治体管理空港を含む各空港の整備事業に使われている。

「下もの」の運用で利益を上げているのは、羽田、新千歳、小松くらいという有様だが、「上もの」はほとんどの空港で利益を計上しているので、「上もの」の収益を合算すると広島、松山、鹿児島が黒字に転換し、函館、熊本などが今一歩の水準まで改善される。自由化時代を迎えた空港には新たな設備投資が求められているものの、「上もの」の空港ターミナルビルは高収益を享受する一方で、「下もの」が赤字続きのために投資資金が枯渇するなどチグハグな状況になっている。しかし、世界の空港には、民営化によって、適切な投資を行い施設やサービスが充実して、利用者の満足度を高めることに成功した例も多い。

## 狙いは運営の効率化

国交省は空港運用の改革を行うために、2010年12月から「空港運営のあり方に関する検討会」で検討を行っており、2011年7月に報告書がまとまった。報告書案では、「上もの」と「下もの」を一体化し、運営権を民間に委託することを柱に改革する方向性が明記されている。

「上下一体運用」と「民間委託」により経営の効率化、収支の改善、空港使用料の改善による就航便数の増加、空港ビルの集客増が期待できるほか、資源の集中投資も可能になる。

運営事業者は運営権を購入し、空港使用料や空港ビルの経営などで利益を上げ、施設使用料を国に納めることになる。滑走路や駐機場などの所有権は国のままとし、空港機能を長期的に維持することで運営事業者の固定資産税などの負担を軽減する。

運営には空港経営に関するノウハウや専門知識が必要なことから、地元自治体、空港ビル事業者や投資家などから意見を募り、民間の知識経験を積極的に活用して運営事業者を募集するが、空港ビルの事業者が新たな運営主体になることや、1つの事業者が複数の空港をまとめて運用することも可能としている。

そして、国は民営化をスムーズに行うため、2013年7月25日に「民間の能力を活用した国管理空港等の運営等に関する法律」を施行した。

## 廃港につながる可能性も

国は、空港経営の一体化に向けて、伊丹空港を除く国管理の27空港の実行方針を策定し、事業者を公募。調整作業を2013年度までに行っており、2014～2018年度に入札・審査を実施、2020年度までに民間委託に移行する予定だ。

国による空港整備勘定の見直しは必至で、各空港に配分されている補助金が削減される可能性が高いことから、自治体管理空港でも民営化への動きが起こるものと推察される。すでに、県や市などの地方自治体管理空港でも、空港の管理に費用がかさむだけでなく、エアラインの誘致などにも助成金などの支出が増加傾向にある一方、空港機能の充実のために資金が必要になっており、経営の効率化や外部資金の導入が必要になっている。

問題は、すべての空港に運営受託を希望する事業者が現れるか否かだが、国管理空港ながら、福岡（2009年度60億円の赤字）や那覇（同55億円の赤字）のように、敷地内にある民有地の賃借料が赤字要因になっている空港の場合は、地主との交渉も難航が予想される。

もともと収支を前提にしない空港を建設し、空港運営のノウハウに乏しい日本で経営を軌道に乗せられるのかという心配もある。たとえば、中国地方には10もの空港がひしめき、近い空港では県境を跨《また》ぐとはいえ、数十キロしか離れていないケースもある。

また、13空港を抱える北海道を例にとれば、黒字なのは新千歳（同39億円）だけで残りの空港はすべて赤字であることから、新千歳の黒字を原資に札幌丘珠を除く12空港を1つの事業者が経営する案も浮上している。まとめ上げるには道庁の強いリーダーシップと調整力が不可欠になる。

現在、民営化に最も積極的なのが仙台空港で、村井嘉浩宮城県知事が東日本大震災からの復興に絡めて民営化への移行を推進している。対象は基本施設（滑走路、着陸帯、誘導路、エプロン）、空港航空保安施設（航空灯火施設）、旅客ビル（ＣＩＱ＝税関・出入国管理・検疫を除く）、貨物ビル（ＣＩＱを除く）、道路、駐車場、空港用地、各施設に付帯する施設で、面積は２３０万㎡になり、株式の譲渡で売却し、購入する民間事業者が一体的に運営できる。

民営化に積極的な仙台空港

現在のスケジュールでは、２０１４年７月から入札手続きに入り、１次審査が２０１４年末、２０１５年８月に優先交渉権者を決定。２０１６年３月に運営を始める予定だ。事業者は30年間の運営権を行使でき、事業期間終了５年前までに30年以内の延長希望の届け出を１回限りできる。

ちなみに仙台空港は２０１３年、５年ぶりに利用客が３００万人を超え（３０７万３２６１人）たが、県の目標は、今後30年間で２倍の６００万人としている。

## 【全景②】関空と伊丹の一体運営

### 2空港の経営統合で立て直し

日本の空港財源の最大課題は関西空港の有利子負債だ。地方空港のなかにも、需要が少なく、空港会計が自立できそうもない空港もあるが、有利子負債の金額はまだ小さい。関空は１兆円近い金額で桁外れに大きく、空港特別会計の運用を左右するほどだ。つまり、関空の経営立て直しができれば、空港特別会計全体を健全化できるということでもある。

関西空港の経営は１兆円近い負債を抱えて不振を極め、救済のために関西エリアの伊丹、神戸空港には制約がかけられていた。国は、「伊丹の機能を縮小し、伊丹からフライトを追い出せば、航空会社や旅客は関空をもっと利用する」と思い込んでいたのだ。ところが現実には、伊丹から追い出されたフライトの多くは休止してしまったり、様子を見て舞い戻ってきたりと、素直に関空に移行するフライトは少なかった。

そこで、国は発想を変え、関空と伊丹空港の経営を一体化して、両空港の総合力で関空の負債を減らし、経営を建て直すことにした。

現在、国の推進により、関空会社から土地部門を切り離した新関西国際空港株式会社が２０１

2年4月に発足し、7月に伊丹空港会社（空港ビル）と統合した。正確に記すと、新関空会社は、100％国出資で設立され、会社法の「吸収分割」の手法で旧関空会社から滑走路やターミナルビルを取得し、土地を保有する旧会社を連結子会社にした。また、伊丹に関しては、土地や建物を現物出資の形で国から譲り受けている。

新関空会社の役割は、両空港を一体運営して合理化・効率化を進めるとともに、増収を図って経営を改善し、2015年に事業運営権（コンセッション）を民間に売却（期間45年間、1兆8000億円以上を想定）して、1兆2000億円にのぼる借金返済を目指すことだ。

しかし、年間の支払額は400億円になるが、2014年3月期の営業利益予想は前年同期比で約4割増ではあるものの290億円に過ぎず、応募者には着陸料、商業施設の収入などを大幅に増やすだけの方策が求められる。

### 深刻だった有利子負債

1994年、1兆5600億円をかけて泉州《せんしゅう》沖に開港した関空は、深刻化していた伊丹の騒音問題と発着枠不足を解消するはずだったが、大きな誤算がいくつも生じた。

①開港直前になって伊丹の地元が空港の存続を強く要求したために、伊丹との併用になった、

②大阪市内から遠い関空が利用者から敬遠された、③運賃競争の激化で航空会社が高い利用料の空港を敬遠した、④当初の関空候補地（地元の反対で建設を断念）の近くに神戸空港が建設された、などだ。

国は関空を国際線と国内線、伊丹を近中距離の国内線と役割を分けて運用を始めたものの、航空会社からは世界一高い利用料が、利用者からは遠いアクセスが敬遠され、利用は進まなかった。国際線は成田に、国内線は伊丹に逃げ、関空は苦境に立たされた。さらに、財政の重しになったのが2007年に完成した2期工事による有利子負債だった。

発着回数が計画値の年間13万回に達する見込みもないなか、「関西経済の浮揚」を口実に政治主導で強行された2期工事で財政は一挙に悪化。年間収入が1000億円程度の経営規模にもかかわらず、成田の2倍の規模となる1兆1000億円もの有利子負債が残された。支払い利子だけで年間260億～270億円に達し、利用を促進するための使用料の値下げもできなかった。

国は、一部の利子補給を行うとともに、関空会社の経営を支援するため、①伊丹には国内長距離便の発着を認めず、②神戸には1日の発着便の上限を30便（往復）とし国際線の発着は認めない、と規制をかけてきた。ところが、これでも利用者は国の思惑どおりに動かなかった。伊丹の利用は減り、神戸は空港の採算点まで便数が増えない状況になったにもかかわらず、やはり関空の利用は進まなかった。

## 関空はLCCが追い風に

関空会社の経営の潮目を変えたのはLCCだった。成田が空港容量の限界から新規乗り入れに対応できないなか、海外のLCCは第二の市場を背景にした関空に注目。最大のネックとなったのが高い利用料だったが、新規乗り入れ社に対する優遇料金と関連の自治体や企業で構成する関西国際空港全体構想促進協議会からの助成金を合わせると、3年間は着陸料相当額が免除される。フィリピンのセブ・パシフィック、豪州のジェットスター、韓国のチェジュ航空などがこぞって就航したが、最も大きなインパクトになったのは、2012年3月に誕生したLCCのピーチが、本拠地に関空を選択したことだった。ピーチの選択理由は、「24時間空港」と「飛行時間4時間圏内の市場の大きさ」だった。

これを受け、関空会社はLCCの受け入れに本腰を入れ、LCCの就航を支援するために85億円をかけて専用ターミナルを建設。2012年10月28日から運用を始めた。

これらが寄与して、2012年度の発着回数が、国際線で前年度比11%増の8万4710回、国内線で41%増の4万4019回（合計19%増の12万8729回）、旅客数は、国際線で前年度比

LCCの就航で活気づく関西空港

13％増の１１４２万３５７０人、国内線で43％増の５３７万５１９０人（合計21％増の１６７９万８７６０人）となった。特筆すべきことは、国際線では外国人旅客が38％増えて過去最高に、国内線は８年ぶりに旅客数がプラスに転じたことだ。ＬＣＣの便数は急速に増加しており、国際線におけるシェアは２０１２年の夏ダイヤの14・４％から冬ダイヤでは18・９％に達したが、２０１４年度には25％を見込んでいる。

一方、関空と経営統合した伊丹でも、国内線の増便で発着回数が４％増えて12万７６８４回、利用客は２％増えて１３１４万７３４５人となった。その結果、２０１２年度の新関空会社の決算（伊丹の分は７月から統合）では、営業収入は１０１７億６９００万円、営業利益２６７億９２００万円、経常利益１８０億４８００万円となった。ただし、経営統合による資産の評価減に伴う特別損失２３０億円を計上したため、純損益は26億５２００万円にとどまった。ちなみに、関空単体では、営業収入９２２億３８００万円、営業利益２１５億１２００万円で、伊丹の貢献度は営業収入で12・１％、営業利益では25・2%（いずれも9カ月分）だ。しかも、短期借入金を350億円返済したため、有利子負債は初めて1兆円を下回り、9595億円になった。

関空利用の増加は続いており、2013年度でも発着回数は前年比104%の13万3000回で、3年連続で前年を上回り過去最高になった。国際線旅客便の発着回数は前年比102%、旅客数は105%、国内線旅客便の発着回数は106%、旅客数は113%と大幅に伸びている。伊丹でも、使われていなかったプロペラ機枠をジェット機に開放したことで発着回数が9%増えて13万9000回と2年連続で増加した。

建設コストを抑えた関西空港のLCCターミナル

その結果、2013年度の決算は、営業収入は1268億2700万円、営業利益326億1400万円、経常利益218億7700万円、純利益239億3400万円（前期比△26億5200万円）となった。

また、これから関空が期待しているのが、貨物の拡大だ。現在でも深夜早朝の着陸料の安い時間帯を利用した貨物便が増えているが、２０１４年４月に国内最大級の貨物集荷場が完成し、国際宅配便のフェデックスが使用を開始した。大規模貨物集荷場は、フェデックスのハブ基地の誘致に成功した新関空会社が、同社のために2期島に建設したものだ。敷地面積は甲子園球場に匹敵する約４万㎡で、仕分け能力は1時間当たり最大９０００個、駐機場は7機分ある。

フェデックスのアジアでの最大ハブは中国の広州だが、主力機のＭＤ―11が直行で本拠地米国のメンフィスのハブに飛べないことから、北東アジアに第二ハブを設けることになった。関空にとっては、フェデックスのハブを獲得したことも重要だが、ソウルの仁川空港と激しい鍔迫《つばぜ》り合いの末に獲得した意味は大きい。フェデックスは、週54便の定期便で、アジア一円とメンフィスを結ぶことになる。

## 伊丹は一転して利用を拡大

関空と伊丹の経営統合により、新関空会社では両社の資産の有効活用が図られることになった。これまでは関空の経営を優先するために伊丹に縛りをかけてきたが、伊丹の能力を活用することで、全体収入を増やそうという戦略だ。

伊丹では、プロペラ機枠を段階的に低騒音のジェット機枠に転換することになり、従来のプロペラ機枠1日170回、ジェット機枠1日200回を見直して2013年度は50回、2014年度は50回、2015年度は40回をジェット機に割り振る。その結果、2013年度はJALが函館、三沢線（各1便）と松山線（3便）を新設し、新千歳、仙台、花巻、新潟、福岡、大分、宮崎線を増便。ANAは仙台、福岡、宮崎線を増便した。

同時に、1000kmを超える長距離便（函館、新千歳、那覇など）の比率を5％未満（5便）とするガイドラインも見直し、低騒音のジェット機枠による長距離便の比率の上限を2013年度は5％、2014年度は10％、2015年度は15％に拡大する。

国際線復活の声も上がっている伊丹空港

伊丹の地元では、昔の繁盛を取り戻そうと、「次は国際線の復活だ」との声もあがっているが、具体的な行動までにはつながっていない。首都圏の例を参考にするならば、ソウル、北京、上海、台北便は伊丹から出てもおかしくはないのだが、その検討はコンセッションが軌道に乗ってからのことだろう。

ただ、伊丹の将来については、まだ固まっていない。大阪府の橋下知事（当時）は、関空の経営を優先させるため、「リニア新幹線が開業した折には、伊丹空港は廃止」を強く求めていた。

しかし、将来も航空需要が伸び続けるのであれば、貴重な空港を潰すわけにはいかない。世界の主要機関での調査によれば、アジア太平洋地区の航空需要は、今後20年間にわたり、年平均で5～6％拡大する。第3滑走路の構想はあるものの莫大な建設費が必要な関空と離発着には関空の空域が障害になる神戸だけでは、20年後の関西の空の需要には対応できないだろう。

## 着陸料を値下げ

新関空会社発足を機に立案した中期経営計画（2012―2014年度）では、「航空成長戦略」「ターミナル成長戦略」「経営効率化戦略」による経営目標の達成を目指している。注目されるのは使用料の改定で、自助努力による経費の削減によって原資を確保し、成田よりも2割高い水準を2014年度までに10％引き下げる予定だ。

すでに2012年10月から、国際線の着陸料の5％引き下げを行っているが、①新規乗り入れや増便に、初年度80％、2年目50％、3年目30％の増量割引を行う、②1時～5時59分に着陸する便を50％割引く、という2つの制度によって、以前は58万円だった国際線B777―200

（276トン）の着陸料が55万円（成田は49万円）に、増量割引の適用があれば初年度11万円になり、仁川の21万円をはるかに下回る。2014年度にはさらに5％の引き下げを計画している。また、手荷物取扱料も引き下げ、144席のA320であれば、11万8800円から9万5040円になり、年間では1100万円安くなる。

伊丹では、低騒音機への代替を促進するため、騒音値に連動した着陸料金制を導入した。騒音値が81デシベルを上回るB777—300などは20％高くなるが、80～79デシベルのA320、リージョナルジェットやB737—800は10％下がり、79デシベル以下のB737—700では20％安くなった。

また、事業拡大を図るため、これまで築いてきたノウハウを活かして、免税品店の拡張や海外の空港運営の業務受託に乗り出す予定だ。まずは羽田のターミナルビルを運営する日本空港ビルデング、双日、大成建設と企業連合を結成し、ミャンマー政府が予定しているヤンゴン国際空港の国際入札に応募する。

## 神戸を含めた特区構想が浮上

関空と伊丹の経営統合で期待を膨らませているのが、神戸空港を所有する神戸市だ。

関空・伊丹の経営統合の影響を受ける神戸空港

神戸空港は２００６年に開港した地方空港で、ポートピアの沖合を埋め立てて作られ、２５００ｍの滑走路を有する。現在の運用時間は7〜22時。１日30便と決められているが、新千歳、仙台、茨城、羽田、米子、長崎、鹿児島、那覇の８路線にすでに30便が就航しており、２０１３年度は２３５万４１８６人（前年比97・８％）が利用し、利用率は65・２％だった。

空港と市内は専用軌道のポートライナーで18分という至近距離にあり、コンパクトで便利な空港なのだが、建設時の経緯が今でも空港の運用に影を落としている。

伊丹の移設候補地として計画されていた神戸空港は当初、国からほぼ現在の位置に建設することを提案されていた。しかし、地元は受け入れを拒絶。そのため、代わりに泉州沖に建設することになり、現在の関空となった。しかし、１９９０年代に、今度は逆に地元から空港を望む声が高まり、神戸空港の建設が決定。このような経緯があるので、国交省としては地元に対して良い印象を持っておらず、今でも両者はしっくりいっていないようだ。

したがって、神戸市としては国に頼らずに経営を自立させることが求められているのだが、そうは簡単にいかないのが実情だ。利用実績が計画値を下回っており、建設費の回収で当てにしていた空港島の分譲地はなかなか売却できずに建設費の残債が神戸市の財政を圧迫しているのである。管理運営にあたる神戸市は、規制や制限の緩和によって利用の拡大を図りたいのだが、新関空会社の経営建て直しを優先したい国交省の思惑によって、運用時間や発着枠の拡大、チャーター便を含め国際線の就航は認められていない。

関空の再建策の検討が始まった折に、関西では大阪府、兵庫県、神戸市の首長が集まって、地元案として3空港統合案をまとめたのだが、国は関空の救済を急ぐために、神戸を除外した。

しかし、ここにきて注目を集めているのが、アベノミクス戦略特区による関西3空港の活用構想だ。規制緩和で国際競争力を高め、既存のインフラ施設を活用して関西3空港を一体運用し、利用の拡大を図る。神戸空港の運用時間の拡大が図られれば、発着枠や運用時間が7時から22時に限られている伊丹空港の補完ができるほか、国際便の就航で利用客の増加が見込め、空港経営の黒字化が可能になる。

距離的にも近い3空港だけに、運用・経営の統合は自然の成り行きだと言える。

## 【各景①】集客が重要課題になってきた空港

以前の空港は、騒音問題が響いて不便な郊外に追いやられていたため、空港内にさまざまな施設を作って都市機能を充実させることに熱心だったが、最近ではさらなる集客を図るため、一種のテーマパーク化が進んでいる。

空港は交通の結節点であり、多くの利用者が航空機に乗り降りするだけでなく、鉄道やバス、タクシーなどに乗り換えるための要所である。従来の日本の空港は、公共施設の色彩が強く、「余分な施設は作らず」「最小の収容力を、最小の予算で作る」ことにあった。したがって「面白くない空港」になっていたばかりか、利用者が少ないために管理運営のコストが割高で、利用者の評判は芳しいものではなかった。

1960年代の航空機のジェット化によって長い滑走路が求められ、同時に空港周辺に深刻な騒音問題を巻き起こした。プロペラ機の時代には町はずれにあったようなのどかな空港では機能が追いつかなくなり、広い土地、騒音被害の少ない地域を求めて遠い地域に移転したのである。その後、ジェットの技術は20年かかって体感騒音を4分の1のまで小さくしたが、再び空港が町に戻ることはなかった。

そこで空港に求められたのが、飲食施設、売店、各種サービス施設、両替所、銀行、郵便局、病院、ホテル、理容施設などといった、都市機能の充実だった。しかも、国際線が就航したことから24時間の対応が必要にもなり、利用者が単に交通手段を乗り換えるだけでなく、旅行の出発・終着点として、必要な情報を収集し、さまざまな用事を済ませたり、食事や土産物を購入するため、地域活性化の役割も期待された。

その結果、今や新千歳の商業施設には土産物を購入する観光客があふれ、成田の免税品店の売上は空港収入の大きな比率になっている。羽田の売店では「限定品」が人気を集め、ビッグバード（第1ターミナルビル）の飲食施設には人気レストランが軒を連ねている。さらに、近年は収入をより一層拡大するため、テーマパークのような魅力が期待されている。新千歳や中部空港に設置された温浴施設などがいい例だ。

利用客は、空港での時間つぶしに商業施設を利用するのではなく、目当ての施設を利用するために、早く空港に到着するようになった。羽田空港では、商業施設のビッグバードができてから、利用者の空港滞在時間が伸びたばかりか、航空旅客以外の利用者も増えたのである。

このような「楽しい空港づくり」の目的は、利用者に空港で長く滞在してもらい、飲食や購買の機会を増やすほか、航空旅客以外の利用を広げて航空関連以外の収入を増やすことだ。原点となったのはオランダ・アムステルダムのスキポール空港で、シンガポールのチャンギ空港が導入し、日本では新千歳、羽田ビッグバードへと受け継がれた。世界の空港は、「便利で使いやすい空港」から、民営化で「楽しい空港づくり」に変化した。

日本の空港を民営化することは、「面白くない空港」から、「楽しい空港」に180度変針することを意味する。空港関係者には「発想のコペルニクス的転換」が要求される。

## 【各景②】増えるLCCターミナル

日本で初めてLCC専用ターミナルの供用が始まったのは沖縄の那覇空港で、関空で供用が始まる10日前の2012年10月18日のことだった。ANAが貨物上屋として使用していた一部（3082㎡）を2カ月間で改装し、国内線用LCCのターミナルとして使用した。駐機できるスポットは国内・国際を合わせて4カ所で、当初はANAグループのピーチとエアアジア・ジャパンが、現在はピーチとバニラエアが使用している。

2014年2月には国際線の対応施設（2090㎡）が完成し、国際線も使用できるようになった。ピーチは那覇を第2の拠点と位置付け、ANAグループ2社は2016年度までに20〜25

便の就航を予定。国内・国際合わせて年間200万人（国際が2割）の利用を見込んでいる。

一方、専用ターミナルの建設に最初に取り組んだのは関空だった。2007年に2期工事島に第2滑走路が完成したものの、利用機はなかなか増えず、空港会社の経営はますます厳しさを増していた。そこで、需要の底上げ策として目を付けたのがLCCだ。ピーチが関空を本拠地にしたことに加え、未利用地も豊富にあることから、LCC専用のターミナルを建設することが決定したのである。

2期工事島に2012年10月に完成した第2ターミナルは2万8806㎡の平屋造りで、駐機場は国内線用4、国際線用2、国内・国際共用3カ所の9機用となっている。搭乗橋はなく、旅客は徒歩で航空機に乗り込む。航空機はスポットから自走で出発できるので牽引車の必要がなく、コストの削減と折り返し時間の短縮が可能になる。建設費はわずか85億円だ。

建物の内部にはチェックインカウンター、売店、免税店、飲食店、両替店、保険扱い店も備えており、機能としては第1ターミナルと同等だが、航空会社の使用料は半額、旅客の負担するサービス施設使用料は国際線で1540円（第1ターミナル3040円）と大幅に安くなっている。ちなみに、専用ターミナルに行くには第1ターミナルからの無料シャトルバス（約7分）を利用するか、マイカーで駐車場を利用する。

しかし、第2ターミナルの運用開始が始まる頃にはLCC各社の関空乗り入れが大幅に増加し、近いうちに利用者が限界に達すると見込まれていた。そこで関空会社は2013年12月、早くも2つ目のLCC国際線専用ターミナルの建設を決定した。第2ターミナルと駐車場を挟んだ真向かいに建つ第3ターミナルの総面積は約3万3000㎡（一部2階建て）。国内線専用になる第2ターミナルとの間を、チェックイン棟で結ぶ。駐機場は中大型機で6スポットだが、小型機だけであれば11機が並ぶ。投資額は約100億円で、完成予定は2016年度だ。

一方、LCCでは関空に完全に先を越された成田も、専用ターミナルビルを作って巻き返しを図る。第2ターミナルビル北側にあった第5貨物ターミナルビルを改修するもので、当初の計画では工事費が200億円との発表があり、LCC側は「LCCの経営を理解していない」と冷ややかな反応だった。慌てた空港会社は、設計・工事の簡素化に努め、総工費150億円程度に収めることにして、2015年3月末完成を目途に工事を急いでいる。建物は、CIQ、免税ショップ、フードコートが入る地上4階建ての本館（約5万㎡）とサテライト（約7000㎡）で構成され、年間750万人の利用を見込む。駐機場は建物の両サイドに10機、サテライト北側の少し離れた部分に5機（完成予定は2017年3月）を用意し、ゲートから飛行機までは徒歩で移動する。

また、2013年には中部空港がLCC専用ターミナルの建設に乗り出したのだが、利用の核になると思われたエアアジアJが空中分解し、後継のバニラエアも成田中心になることが判明したため、とりあえずは、棚上げされてしまった。

## 【各景③】改善されるアクセス交通

以前は不便だった空港のアクセス交通も、ようやく脚光を浴びるようになった。空港建設と同時に鉄道の乗り入れが実現したのは新千歳、中部、関空、神戸（ポートライナー）の各空港で、仙台、羽田（モノレール）、成田、福岡、宮崎、那覇（モノレール）などは空港完成後に整備された。さらに羽田は沖合展開を契機に京浜急行電鉄が乗り入れ、格段に便利になった。鉄道が空港直下に入ることにより、定時性は格段に向上。乗客の安心感は高まり、鉄道にとっても大きなビジネスチャンスとなった。JRの成田エクスプレスや京成電鉄のスカイライナーは、それぞれの会社を代表する特急列車になっている。

だが一方で、山口空港のように空港の敷地をかすめるところをJRが走っていながら列車が少なくアクセスとして使えない路線や、空港間近に鉄路がありながらも引き込み線を建設しない広島空港、名古屋空港などの例がある。

関係者の努力によって、空港アクセスが改善された例も多い。熊本空港では、トライアルではあるが県が補助金を出し、近くの鉄道駅から無料のアクセスバスまたはタクシーを確保している。都心から遠く、高いアクセス費用が足かせになっていた茨城空港では、県が補助金を出し、500円で東京駅直通のバスが走っている。前出の山口空港では、空港～新山口駅間のエアポートバスと新山口駅～山口市内のバスの接続に時間がかかっていたが、2013年に直通バスの運行を始め、所要時間は大幅に改善された。

成田空港では、東京駅直通のバスが3000円（東京空港交通のリムジンバス）だったものが、LCC就航を機に格安運賃の直通バス（所要時間は約60分）が走るようになり、人気を博している。京成バスの「東京シャトル」は東京駅～成田空港間が900円（未予約の深夜・早朝は1500円）、平和交通とあすか交通の「THEアクセス成田」は銀座・数寄屋橋～東京駅～成田空港間が1000円だ。以前は朝の7時前後に出発する早朝便に間に合うアクセス交通がないことが問題だったが、深夜・早朝にも格安バスが走るようになった。

一方、静岡駅～富士山静岡空港間のバスは所要時間が46～50分かかっている。始発を北口から空港側の南に移動すれば、5～6分は短縮できるのだが、やる気はないようだ。

国内航空に乗るのに30分以上のアクセスは長すぎる。航空のスピードを殺さないためにも、アクセス時間の短縮に真剣に取り組んで欲しいものだ。

## 【各景④】2020年東京五輪への対応

2020年開催のオリンピック・パラリンピックが東京に決まったとき、すぐに課題としてあげられたのが首都圏空港への対応だった。近年、首都圏空港の将来についての議論はほとんど聞かれなかっただけに意外な感じがするが、「2020年の需要を賄うのには不十分」との結論が導き出されたのには驚いた。

まず指摘されたのが発着枠だ。羽田空港は、2013年末に決まった国際線の配分（米国と中国枠は未定）で年間44万7000回と考えられている日中時間帯の枠は使い切った。成田空港は、現在25万回の容量を今後30万回に拡大する予定で、両空港の合計は74万7000回（羽田の深夜早朝3万回を含む）だ。一方、国交省の試算によれば、発着需要は2022年に最大1万5000回、2032年には7万～23万回が不足するという。そこで、2013年10月から国交省の有識者会議で、2020年までに約83万回、将来的には100万回級に増やす方策の検討が始まった。

本命と見られているのは、羽田沖を埋め立てて5本目の滑走路を建設することと、離着陸のための飛行が認められていない東京上空を開放することだ。これによって、発着枠は10万回程度増やせると考えられている。5本目の滑走路の建設費は6000億円から1兆円弱、工期は15年度程度と見込まれているので五輪には間に合わないが、発着枠は大幅に拡大できる。

2つ目の案としてあげられる東京都・神奈川県上空の開放には、飛行ルート下で発生する騒音に対する地元住民の理解が必要になるが、埼玉方面に（から）抜ける新ルートを1日3時間使用できれば、発着枠を4万回程度増やすことができる。

3つ目は発着枠に余裕のある茨城空港の活用だ。新たな課題はないが、都心から80㎞の場所に位置し、直通バスでも1時間40分かかるアクセスを抜本的に解決できる名案はない。

4つ目は成田の拡充策で、誘導路を増やすことで効率的な運用が可能となり、年間4万回程度の発着枠を追加できる。さらに、長期的には3本目の滑走路建設も検討された。建設費は約1200億円で、用地交渉に掛かる時間を除くと4年程度で完成する見込みだ。

5つ目は、横田基地の軍民共用化だ。位置的には東京駅からJRで1時間という好立地だが、米軍の了解が取れる目途はない。共用化に熱心な東京都は、「いきなり定期便でなくとも、まずは五輪関連で増えると見られるビジネスジェットや選手団のチャーター便から始めて、将来的に定期便に結びつけられれば」とシナリオを描いているが、交渉の糸口さえつかめない。将来構想実現のために、①2020年の五輪まで、②それ以降2030年代まで、の二段階で整備を行う方針だ。

いずれにせよ、東京オリンピック・パラリンピックを契機に首都圏の将来像の検討が本格化したことは好ましい。国家プロジェクト実現のためであるならば関係者からの協力を得やすいのではないだろうか。

## 【各景⑤】首都圏空港アクセスの改善

2020年東京オリンピック・パラリンピックの対応に向けてクローズアップされているのが、空港アクセスの改善だ。以前から懸案になっていたのだが、オリンピックへの対応を考えるなかで、にわかに具体的な課題になった。

現在、成田空港のアクセス鉄道になっている京成電鉄と羽田空港に乗り入れている京浜急行電鉄は、都営浅草線を経由して直通運転をしているが、都営浅草線は東京駅から離れた昭和通りの地下を通過しているため、都心からのアクセスとは言えないのが実情だ。

そこで国交省が中心になって検討しているのが、押上《おしあげ》付近から丸の内を経由して泉岳寺《せんがくじ》付近までの約11㎞に地下新線を建設する「都心直結線」構想だ。それによって、現在東京駅から特急で約60分かかっている成田空港までの所要時間が36分に短縮されるほか、27〜36分を要する羽田空港にも18分で着ける。総工費は約４０００億円と見積もられ、国交省は調査を行っているが、東京駅西側の丸の内エリアには、新駅のスペース確保の目途もある。

実は、この案は以前から浮上していたが、工費の工面と採算性がクリアできていなかった。しかし、東京オリンピックが現実になったことから国交省が予算を付ける見込みで、実現性は一気に高まっている。

また、東京急行電鉄の蒲田《かまた》駅と京急蒲田駅間を鉄道で結ぶ「蒲蒲線構想」も動き出しそうだ。両蒲田駅間は７００ｍの距離しかないが、線路がつながっていないためにアクセス鉄道としては不便だ。両線の間にはＪＲの線路があることに加え、両線の軌間（左右のレールの間隔）が、京急は１４３５㎜、東急が１０６７㎜と異なるので、接続するのも簡単ではない。有力案は東急多摩川線矢口渡駅付近から分岐し、東急蒲田駅・京急蒲田駅付近の地下を経由して空港線の大鳥居駅までの３・１㎞に地下新線（環八《かんぱち》ルート＝都道３１１号環状８号線）を建設することだ。大田区は、東急田園調布駅からノンストップで列車を走らせ、地下に移設される東急蒲田駅で対面ホームに止まっている京急の列車に乗り換えて羽田空港に向かうといった素案を出している。

両線がつながれば、羽田空港への所要時間は渋谷から30分強、自由が丘からは現行の51分から

33分に短縮されるほか、東急と相互乗り入れを実施している東京メトロ副都心線や東武線・西武線からの直通運転も可能になる。大田区が試算した工費は、土木工事費710億円、設備費110億円、用地買収費150億円、その他110億円で、約1080億円と見積もられている。国・東京都と大田区・鉄道運輸機構がそれぞれ3分の1ずつを負担する案が有力だが、採算の目途が立っていないことや、肝心の京急が品川からの乗客の減少につながるため、積極的でない。

さらに、ここにきて注目を浴びているのがJR東日本の羽田空港乗り入れ構想だ。羽田空港西端の地下には、東京貨物ターミナルと川崎、鶴見、横浜とを結ぶJRの東海道貨物支線が走っているが、現在は東京貨物ターミナル〜浜松町間が使用を休止している。ここに旅客列車を運行すれば、湘南・川崎地域と羽田空港とのアクセスは格段に便利になる。

JR東日本の構想によれば、空港西端から鉄路をターミナルビルまで延伸し、田町駅付近から分岐して同線に乗り入れれば、東京駅から乗り換えなしで到着できるとのことだ。さらに、2014年度末に開業予定の「上野東京ライン」を使用すれば、宇都宮線、高崎線、常磐線方面と羽田空港との直通運転ができる。また、駅は天空橋《てんくうばし》付近に設置されるので、京急や東京モノレールとの乗り換えも可能になる。

ただし、空港の地下にはさまざまな構造物があり、工事が物理的に可能か否かを調査した上で、判断するとのことだ。

## 【海外の風景】増える市内チェックイン

主要国がハブ空港のアクセスに力を入れている昨今、アジアでは市内でチェックインできる態勢を整える国が増えてきた。香港、ソウル、バンコクなどでは、街中で国際線の搭乗手続きができる「インタウン・チェックイン」が稼働している。

香港の正面玄関であるチェクラップコク国際空港は市内にあった旧啓徳空港を受け継いだもので、ランタオ島北側のチェクラップコク島を削り、土砂と海砂で埋め立て１９９８年に開港した。旧空港の４倍の敷地に、２本の滑走路と７倍の旅客ターミナルビルを建設したが、問題は香港島から34㎞も離れていることだ。

そこで、エアポート・エクスプレス（6～25時、日中12分間隔で運転）を専用軌道で建設し、九龍地区（所要時間20分）や香港島（同23分）と結んだが、九龍駅と香港駅では「インタウン・チェックイン」が行われている。チェックインは出発当日の朝から出発予定時刻の90分前まで可能なので、朝にホテルをチェックアウトし、その足でエアポート・エクスプレスの設置駅でフライトのチェックインを済ませ、出発時刻まで市内観光やショッピングを楽しむこともできる。

海外で増えている市内チェックイン（ウィーン中央駅）

ソウルでは、２０１０年12月に仁川国際空港からの専用鉄道がソウル駅まで全通（特急A'REX＝エーレックス。所要時間43分）したのを機に整えられた。ソウル駅の都心空港ターミナルと、空港バスの発着する三成洞《サムソンドン》の韓国都心空港（ＣＡＬＴ）では出国手続きも可能で、手続きを終えた旅客は空港の専用出国通路でセキュリティチェックを受けるだけで飛行機に乗れる。利用できるのはソウル駅の場合、午前5時20分から午後7時までで、出発時刻の3時間前に手続きを完了する必要がある。

タイ・バンコクのスワンナプーム国際空港は、２００６年に市内中心部から東へ30㎞のノーングハオに建設された。２０１０年8月にタイ国鉄バンコク高架鉄道空港線（エアポート・レール・リンク）が開業し、市内のマッカサン駅と空港（約28㎞）を、最高速度時速１６０㎞のシーメンス製（デジロＵＫ）の特急が約15分で結んでいる。２０１１年にマッカサン駅に建設中だったシティ・エア・ターミナルが完成し、手荷物を含めてタイ国際航空国際線の搭乗手続き（出発時間の

３～12時間前）を行えるようになった。

また、欧州ではオーストリアの首都ウィーン中央駅で「インタウン・チェックイン」が採用されている。日本でも、成田エクスプレスが１９９１年に運転を開始するにあたって、「東京駅でのチェックイン」が検討されたことがある。運輸省（当時）が音頭を取り、ＪＲ東日本とＪＡＬ、ＡＮＡとの会合を開いたが、チェックイン業務に加えて、荷物の地下ホームへの移送、積み込み作業、専用コンテナ車が必要になり、経費の負担、作業の安全確保と責任、航空会社への引き渡し確認など多様な課題が浮かび上がった。

最大の問題は、鉄道側のメリットが少ない上に、列車の遅延や手荷物の紛失などで搭乗時間に間に合わないというケースが想定されるなどのリスクが大きいことだった。費用を分担し、運用を東京シティエアターミナル（Ｔ-ＣＡＴ）に委託する案が浮上したが、最終的には合意に至らなかった。

だが、これらの課題は程度の差こそあれ、どこの国でも浮かび上がる内容だ。それを乗り越えて実施に移すためには、「空港アクセスは国家的課題」との共通認識が必要だ。

# 第6章　広がる関連事業

## 【全景】系列が崩れた航空業界
### 始まった関連事業への参入

規制時代の日本の航空業界は、JAL、ANA（場合によってはJAS）グループの支配下にあった。航空事業はもちろん、整備、グランドハンドリング（以下、グラ・ハン）、機内食、空港売店、アクセスバス、手荷物配送まで系列化されていた。さらに地方では、地元資本とそれぞれのグループが結びつき、無関係な資本は航空業界に参入できなかったのである。

航空自由化によって新規参入社が登場すると、状況は少し変化したが、基本は変わらなかった。新規参入社は航空機の運航だけは認められたものの、そのチャレンジ精神は空港のカウンター、搭乗ゲート、整備などといった関連事業では、系列の既得権という厚い壁に跳ね返されたのである。整備部門のなかったエア・ドゥが新規参入時に、機体整備をJALに委託し、法外な料金を徴収されたのは有名な話だ。

空港ではさまざまなグラ・ハン業務がフライトを支援

だが、日常の機体整備の自社化と海外社への委託が進み、JAL、ANAに頼らない整備が可能になったのをはじめ、地上での航空機の誘導・給油・貨物の積み下ろしなどのグラ・ハンにも、外部からの新規参入が増えた。

海外からは、世界38カ国、191カ所で業務を行っている世界最大のスイスポート・インターナショナルが参入。2006（平成18）年に新明和工業のグラ・ハン子会社を買収し、2007年に自社51%、丸紅49%の出資でスイスポート・ジャパンを設立した。国内では成田、関空、中部などで業務を展開し、2013年度には約50億円の売り上げを上げている。そのほか、羽田を拠点にグラ・ハン業務を行っていた羽田タートルサービスは、成田、関空、福岡、茨城空港などへと活動地域を広げている。

また異色なのは、新千歳で空港会社が関連事業会社キャスト（CAST）を立ち上げたことだ。グラ・ハンに加えて、旅客の案内、航空券の予約・発券、機内食の調達、売店・飲食店・ラウンジの運営なども行っている。

このように現在は空港で複数のグラ・ハン会社が活動するようになり、航空会社の選択肢が増えた。象徴的なのが、JAL系LCCのジェットスター・ジャパンの各空港でのグラ・ハン業務を、前出のスイスポートが受注していることだ。日系のグラ・ハン会社の受託価格は海外空港での3～4倍というから、当然の成り行きではある。

関連事業への新規参入はJALの企業再生の過程で起きた。JALが本体の再生を図るため、関連会社を整理し、外部に売却したからだ。優良子会社だった機内食会社ティー・エフ・ケー（旧社名：東京フライトキッチン）の50・7％の株式を2010年にシンガポールのSATSグループに、定期便から撤退した中部空港では、カウンター業務やグラ・ハン会社をFDAに、それぞれ売却した。これらにより、JALグループの航空及び関連事業における強固な系列が崩れた。

## LCCが呼び込む他人資本

他の関連事業でもJALブランドの優良企業を外部企業に譲渡した。最も買い手が多かったのが、優良顧客の多く持つクレジットカード事業だ。2008（平成20）年にJALカードの保有株約49%を三菱東京UFJ銀行に約420億円で売却。また、国内のビジネスホテル「JALシティホテル」を経営していたJALホテルズの79・6%の株式を、約60億円（推定）でホテルオークラに譲渡した。昔は航空券を購入する顧客がスムーズに宿泊できるようにと始めたホテル部門だったが、昨今では副業経営になっていた。

そして今日の航空関連業界には、LCCの余波により、さらに大きな波が押し寄せている。LCCは身軽になってコストを下げるため、業務を社外に委託する体制が基本だ。オーバーホールなどの重整備、グラ・ハン、機内食ケータリングも系列にとらわれないばかりか、状況によっては発注先を切り替えることも日常茶飯事だ。

こうした状況に対し、FSCも動いている。ANAは子会社に対してグループ内の業務に終始するのではなく、グループ外の業務受注を積極的に開拓するよう指示を出している。グループ内にとどまっていると、業務が減るばかりか、陣容を維持するコストが割高になってしまうからだ。

系列化の打破によって割安になったコストは、運賃にも跳ね返るため利用者にもメリットがある。これから航空業界も完全に開放され、新規社が活躍する機会が増えれば、さらにコストが下がり、新たなアイデアが生まれてますます活性化するだろう。

## 【各景①】始まったMROへの取り組み

### 規模は10年で5割増

機体整備と言えばかつてはJALのお家芸で、日本に乗り入れる航空会社の点検整備を一手に引き受けていた。ところが、日本の人件費が上昇したことでコストが高まり、昨今では人件費の安いアジアの整備会社を選択する航空会社が増えているばかりか、JAL自身が一部の整備をこれらの海外社に出している。

航空業界では、整備事業をM（Maintenance＝整備）、O（Overhaul＝検査）にR（Repair＝改修）を加えてMROと呼ぶのが一般的だ。機体製造ほどの派手さはないものの、高い技術力を習得・維持して収益性の高いビジネスを行うことができ、今や航空機産業の一翼を担う規模に成長した。中国とシンガポールはその将来性に着目し、国策として事業の育成・拡大を図っており、中国ではアモイのTAECO、シンガポールはSASCO（STエアロスペース。政府系）が有名だ。TAECOにはJALとANAが重整備を委託している。

1～3カ月サイクルの点検や1～2年サイクルの整備、オーバーホールの重整備のみならず、近年では使用年数が長くなった旅客機を貨物専用機に改造する作業まで請け負うことになった。MROを重ねているうちに技術を蓄積でき、機体メーカーからの認定も取得している。JALのジャンボ機やANAのB767を貨物専用機に改造する作業なども、航空機メーカーではなく、これらのMRO会社で行われた。航空機メーカーにとっては、改造は異質な作業で面倒だが、MRO企業にとっては日常的な作業である上に、旅客型のB747を貨物専用機に改造すれば、1機で100億円もの収入になるのだから割が良い。

また、航空機メーカーは機体を販売すれば終わりだが、MRO企業は毎日、毎月、毎年、仕事が発生する。ちなみに、完成機の製造がなくなったオランダでは、MROビジネスが航空機メーカーの売り上げの3分の2を占めているという。ただ、運航体制の一部を担う業務なので、航空会社からの信頼を築けなければ成立しないビジネスであり、緊急時の迅速な対応も必要になる。

世界の民間航空のMROビジネスの規模は、2011年で約469億ドル（約3・8兆円）と推定されるが、2021年には690億ドルにまで拡大すると予測されている。なかでも使用機が急速に拡大しているアジアの増加は大きく、211億ドル（30％）が見込まれる（データ出所はIATAのチームSAI）。整備部門を持たないLCCが増えているからだ。

## 増える海外進出

海外の航空会社では、ルフトハンザがアジアに設立したルフトハンザ・テクニック、シンガポール航空（SIA）の子会社SIAエンジニアリング、航空機メーカーではカナダのボンバルディアなどが、大きな収益を上げている。

筆者は最近、政府系のSASCOとシンガポールでの売り上げを二分しているSIAエンジニアリング社を取材する機会を得た。SIAエンジニアリングはチャンギ空港の一角にあり、従業員6000人、格納庫7棟を有する。2012（平成24）年の売上高は11億6990万シンガポールドル（S$）なので、日本円で約912億5000万円、利益は2億6910万S$（同約210億円）を上げている優良企業だ。

発注件数が最も多いのは、もちろんSIAグループからの仕事だが、グループ外では8カ国13社の機体・エンジン整備を引き受け、アジア、豪州、米国の30以上の空港で毎日50社600便の飛行前点検を実施している。加えて、海外の9カ国で25の合弁事業を行っている。そのため、主要な機体・エンジンメーカーからはもちろん、25カ国の航空当局の認証を取りつけている。

チャンギ空港には7棟の格納庫を保有しているが、興味深かったのはほとんどの格納庫の前面にシャッターがないことだった。しかも、格納庫にノーズだけを突っ込んで作業している機体が

2機もあった。年中気候が安定し、台風のないシンガポールだからこそできることだが、作業の効率化やコスト削減に有利に働くだろう。

## 日本でMROがなぜ育たないのか

航空機の整備でも高い技術力を持つ日本だが、MRO事業では出遅れている。日本でMROが確立できていない理由にあげられるのは、①コスト競争力、②土地の狭さ、③法制度の不備、④対象機が少ない、などだ。ところが、②と④は日本もシンガポールも変わらない。②については両国とも土地は狭く高価であり、④についてはシンガポールの登録機は日本より少ないし、整備する機体を日本から7時間も掛けてわざわざ運んでいるのだから理由にはならない。

かつて北海道庁が新千歳にMRO事業を誘致しようとしたときの調査では、当時のJAS並みの整備（年間60機程度）を請け負えれば採算が合うとの結論だった。スキームを考え、助成策を用意し、重工業各社を中心に勧誘を働き掛けたものの、事業主は見つからなかった。

肝心の①コスト競争力については、労働集約型のMROでは良質な整備士をいかに確保するかがポイントになる。以前、筆者がSASCOで聞いたところでは、作業者の人件費は日本よりも3割低かった。シンガポールの国全体の賃金コストは決して低くはない。2011（平成23）年の国民1人当たりの総所得は日本4万4900ドル（約457万9800円）並みの4万2930ドル（約437万8860円）である（WDI2013年版）。ということは、日本も人材の確保、整備士の育成を工夫すれば、展望は開けそうだ。

残る問題は、③法制度の対応である。日本では、他国で認められている修理手法が認められないことも多く、運航する国の認証基準よりも厳しい基準で整備が行われることになる。そのため、コストが下がらないと言う。

## ANAが沖縄で本腰

国内では、JALグループの沖縄地域会社の日本トランスオーシャン航空（JTA）が、那覇でグループ内のMROを引き受けているが、沖縄県がさらなる事業の育成に乗り出した。沖縄県は単にMRO企業誘致にとどまらず、県が出資して那覇空港の西側に1万6000㎡の格納庫と事務棟（7000㎡）を建設して事業主に貸し出すほか、事業が軌道に乗るよう支援する「那覇空港機体整備基地構想」を具体化させた。同事業には、MROの規模拡大を目指すJTAと、他社からの受注を含めてMROに本腰を入れるANAが名乗りを上げ、最終的にANAに決まった。

ANAはこれまで中国やシンガポールの整備会社にも委託してきたが、以前は日本の3割安かった委託費も近年では人件費の高騰でコストが上昇する一方、国内の賃金水準は抑えられてきたためにあまり差がなくなってきた。そこで、国内でも人件費の安い沖縄に整備拠点を設け、自社機をはじめピーチやスターフライヤーなど関連企業の使用機や、グループ外キャリアの整備を受託することにした。アジア各国では航空産業がますます活発になるが、沖縄はアジアに近く、近隣国の航空会社のＭＲＯ作業を受託できる可能性が高いため、事業としても成り立つと判断している。

ＡＮＡは、整備や修理のノウハウを持つ三菱重工やジャムコなど航空機関連企業や沖縄の主要企業の参加を取り付け、２０１５（平成27）年度内に会社を立ち上げ、自社の整備士１５０名を出向させて事業を始める予定だ。ＡＮＡが航空機メーカーや部品メーカーにも参加を呼びかけるのは、総合的な対応力を備えるためだが、三菱を取り込むのは、三菱航空機が生産するＭＲＪ全般の整備業務を獲得するためだという。将来的には、地元沖縄でも採用を進めて３００人規模の会社にし、10年後に30億円の売り上げを見込む。

## 【各景②】離陸が近づいたバイオ燃料

### 持続的に作れる植物燃料

燃油の高騰は航空会社の経営を圧迫しており、燃料費は運航コストの4割近く（ＬＣＣでは5

割）を占めるまでになっている。

燃油費の高騰と温室効果ガスの抑制への対応策として代替燃料の開発が進んでいるが、なかでも期待されているのが植物から採取するバイオマス燃料だ。埋蔵量が限られている石油と違って原料を持続的に作り出すことができ、環境に有害なガスが発生しない。代替燃料が安く調達できれば、燃料の調達が楽になり、代表的なジェット燃料のケロシンの値下げ要因に働くことも期待できる。しかし、純度の高いケロシンの燃焼を前提に設計されているエンジンに影響を与えないか、十分なパワーが得られるのかなどの懸念もあった。

初めてバイオ燃料の試験飛行を行ったのは英国のヴァージンアトランティック航空で、２００８（平成20）年に乗客を乗せない４発機のＢ７４７をロンドン〜アムステルダム間に飛ばし、無事飛行を完了した。使われた原料はアマゾン川流域に育成するヤシ科のババスとココナツの種子の油分で、４発機の１基のエンジン用燃料に混合させて使用した。

双発機で実施したのは米国コンチネンタル航空で、２００９年に片側のエンジンに使用した。水中で育つ藻と落葉低木のジャトロファ（南洋アブラギリ）の抽出油分を50％混合した燃料を使ってヒューストン空港を飛び立ったＢ７３７は、１時間40分にわたって飛行し、急加速・減速はおろか、空中でエンジンの停止・再起動もテストされた。燃料の使用量は通常燃料で運転されていたエンジンを下回った上、両エンジンの性能に差は見られず、満点以上の成績だったという。

世界で4例目、アジアでは初となったデモフライトを行ったのはＪＡＬだ。２００９年1月30日に羽田空港を飛び立ったＢ７４７は、太平洋沿岸に沿って仙台上空まで約1時間半で往復した。エンジンの１基にバイオ燃料を50％交ぜた混合燃料が供給され、高度約1万ｍの上空で、加速、減速性能の確認や停止、再始動の際の影響が確認された。操縦したパイロットの感触では「通常の燃料よりもパワーがあると感じた」という。

ＪＡＬ機に使用されたバイオ燃料は、アブラナ科のカメリナ（84％）を主に、落葉低木のジャトロファ（15％）、水中の藻（1％）から抽出した3種の油分を調合したものだ。カメリナは水分の少ない脆弱な土地や高地でも育つのが特徴で、米国北部や北ヨーロッパ、中央アジアなどに生育し、種から抽出する油はランプ油や化粧品などに使用されている。

ジャトロファ（南洋アブラギリ）は中米が原産で、インド、フィリピン、南東アフリカなどの熱帯地域の農作物の生育に適さない地域で自生し、30％程度の油分を有することから、種子から油分を比較的簡単に抽出することが可能だが、食用には適さない。1ヘクタールに作付けすれば2トン（６００ガロン）のオイルを収穫でき、バイオ燃料への変換率は60～80％にもなる。ジャトロファから製造された燃料は、ケロシンに比べて二酸化炭素（$CO_2$）の排出量を半分に抑えられるという。

藻類はハワイのシアンノテック社が栄養補給剤用に少量を培養しているもので、11日間かけて光合成させて濃縮し、脱水した後に14日間かけて化学的方法で油分を抽出する。藻類のメリットは生産に広い土地が要らないことで、養殖プラントを設ければ1エーカー（約0・4ヘクタール）当たりで1日に3000ガロンもの油分を生産でき、1日当たり1万バレルを製造すれば、1バレル当たりの製造コストを60～80ドルに抑えることができるという。

これらをバイオ燃料として開発したUOP社によると、現時点のコストは1バレル当たり110ドルと割高だが、コストの85％を原料が占めており、カメリナの大量栽培が行われればコストは半分程度に下がるという。

商業運航便で初めて食用油を含む混合燃料を使用したのはKLMグループとエールフランスで、KLMが2011年6月29日にB747―400でアムステルダムからパリまで、エールフランスが同10月13日にトゥールーズからパリまでを飛んだ。

最も大規模だった実用化実験は、2011年7月15日から12月27日まで、ルフトハンザがハンブルグ～フランクフルト間で行った。バイオ燃料がエンジンの性能、整備、寿命に与える影響と、環境改善への効果を確認する目的で、定期便のエアバスA321の右側エンジンに、通常のケロシン燃料とバイオ燃料を50対50で混合した合成燃料を使用し、合計1187便を運航した。使用したバイオ燃料は、米国産のカメリア油にブラジル産のジャトロファ属系油、フィンランド産の動物性油脂を混合したものだ。使用量は1556トンで、削減できた二酸化炭素（$CO_2$）は1471トンに上った。実験終了後に行われたエンジンの検査ではまったく異常は見つからず、「エンジン、整備、運航に何ら変更は必要ない」との結論に達した。

これに気を良くしたルフトハンザは、2012年1月12日には同燃料をワシントン行きのB747―400で試行し、一連の実験を終えた。ルフトハンザの試算によれば、毎週400便の米国17都市行きの便を同燃料に切り替えることによって、毎週約1万5000トンの$CO_2$を削減できるという。ただし、同実験には660万ユーロ（約8億5000万円）が余分にかかり、政府から250万ユーロの補助金が提供された。

## 非食物系を目指して

自動車の分野で実用化されているバイオ燃料は、サトウキビやトウモロコシなど食用植物を原料にしているため、穀物の価格高騰を招くなどの弊害を引き起こしている。一方、航空でテストが進んでいるバイオ燃料は非食物系を原料にしているのが特徴だ。

しかし、バイオ燃料を一企業で実用化にまで持っていくのにはさまざまな課題を乗り越えなければならないことから、連携による共同事業化の動きも起きている。2012(平成24)年3月には、ボーイング、エアバス、エンブラエルの3社が協力して航空機用バイオ燃料の開発・普及に取り組むとともに、政府機関や燃料生産会社との交渉を共同で行う覚書を交わした。5月には、米国のユナイテッド航空、ボーイング、ハネウェル子会社のUOP、シカゴ市空港局、クリーン・エネルギー・トラスト社などが連携組織を結成し、欧州ではEUの欧州委員会の下にエアバス、ルフトハンザ、エールフランス、ブリティッシュ・エアウェイズ(BA)などとバイオ燃料メーカーがグループを結成した。

米国では、アルト航空燃料社がUOP社の編み出したバイオ燃料を「石油系燃料並みの価格」で実現させるとアピールして、航空会社に売り込んでいるが、このほどユナイテッド航空が3年間にわたり年間500万ガロンのバイオ燃料を購入する契約を結んだ。これを受け、アルト社はロサンゼルス近郊で2014年の後半から年間3000万ガロンのディーゼル燃料、ジェット燃料、ナフサを生産する製油所の建設を進めている。欧州ではBAが、ごみからバイオ系燃料を生み出す計画を進めているソレナ・フューエルズ社と、投資及び年間3900ガロン(5万トン。BAの年間燃量消費量の2%)の購入契約を締結した。ソレナ社が手掛ける「グリーンスカイ・

ロンドン」プロジェクトは、年間57万5000トンのごみから12万トンのジェット燃料、5万トンのディーゼル燃料、2万トンのナフサ、50メガワットの電力を生産する計画だ。プロジェクトの拠点となる工場の稼働は2017年を予定している。

これらの事実は、航空会社がいよいよバイオ燃料の本格使用に乗り出すことを意味しているが、同時に、購入者の航空会社が燃料会社の経営や生産設備にまでコミットしないと、燃料の調達がスムーズにできないことを示している。

## EUは温室効果ガスを規制

航空機による温室効果ガスの排出は全体の2%程度にとどまっているが、このまま放置しておくと、2050年には3%程度（2006年比で300〜700%増）にまで拡大すると予想されている。しかし、世界の民間航空の基準を整備しているICAO（国際民間航空機関）は、10年間にわたってさまざまな議論を繰り返しているにもかかわらず、具体的な成果を上げられずにいる。そこで、EUが$CO_2$など温室効果ガスの規制に積極的に動き出した。

EUは2009（平成21）年に域内諸国に対して、2020年までにエネルギーの20%（運輸の10%以上）を再生可能資源から得るように求めたほか、域外の航空会社に対して、2013年以降は$CO_2$の排出を削減し、増便などで排出量が上回る場合には排出権を市場で購入する排出量取引制度の導入を告知した。

これに対して、米国、中国、ロシア、インド、日本などは「一方的な措置」と激しく反発し、世界の輸送量の84％を担うＩＡＴＡも「$CO_2$の排出量の管理は世界的問題である」とＩＣＡＯに善処を求めた。ＥＵは各国からの強い反発に驚き、導入を延期している。

ＩＡＴＡは２０１３年６月にケープタウンで開いた総会で、加盟２４０社の草案をまとめ、ＩＣＡＯに提案することを決議した。ＩＡＴＡ案の特徴は、現状の数値を基準に一律の削減を目指すのではなく、業界の排出総量に占める割合と、２０１８～２０２０年の年間平均排出量、２０２０年以降の業界平均成長を超える分を勘案して削減数値を導き出すように求めていることだ。

## 日本でも進む開発

さまざまな開発が進むバイオ燃料だが、日本でも取り組みが本格化している。筑波大学の渡辺信《まこと》教授らは、生活排水に含まれる栄養分で藻を育てて油を抽出・精製する研究を行っており、２０１３（平成25）年4月に仙台市の下水処理施設に実験拠点を開設した。

実験には緑藻のボトリオコッカスと昆布の一種のオーランチオキトリウムを使用する。ボトリオコッカスは細胞外に油を分泌するので抽出が容易なのが特徴で、オーランチオキトリウムは生産効率が高く、汚泥などに含まれる有機物質で成長が早まる。現在、世界のバイオ燃料の生産コストは1リットル当たり100円程度だが、藻から抽出する燃料はまだ500〜1500円。まずは200〜400円を目指す。

ＩＨＩ（旧石川島播磨重工業）は強みのプラント技術などによって、藻の体積の5割を燃料にする技術を開発し、生産コストを1リットル当たり500円程度までに引き下げることに成功しているが、今後は100円を目指して量産工場を立ち上げる予定だ。藻の光合成に必要な日照時間が長く、二酸化炭素を調達しやすい東南アジアか豪州に設立し、2020年以降に年間3億リットルの生産を予定している。

また、東京大学の研究室から出発したベンチャーのユーグレナ（本社：東京）は、光合成を行うミドリムシを使ったバイオ燃料の研究を行っているが、油の生産性の高い種を見つけ、ＪＸ日鉱日石エネルギーなどと共同でジェット燃料の開発にあたっている。

航空輸送アクショングループによれば、バイオ燃料の占める割合は、現在は1％にも満たないが、2030年までには30％に達し、その10年後には50％にまで拡大すると予測している。コストの引き下げが実現できれば、利用は一気に進む可能性がある。

## おわりに

米国で始まった航空自由化は、規制でがんじがらめに縛られ、限られたエアラインによってのみ運航されていた民間航空業界に大きな変化を与えた。業界に新規参入が認められ、新風が吹き込んだ。ＬＣＣの参入が運賃を大きく引き下げ、「高値の花」だった空の旅を庶民に引き寄せた。航空自由化の波は欧州にも伝搬し、ＥＵは域内で「オープンスカイ」を行った。

英国では、官僚的でサービスが劣悪だったフラッグキャリアのブリティッシュ・エアウェイズが民営化によってよみがえり、自信を得た政府は、１９８０年代末に今度は空港の民営化に踏み切った。実験台に載せられたのは、これまた評判の悪かったヒースロー空港だ。陰気で、盗難も多く、なるべく利用したくない空港だったが、民営化で明るく、活気のある楽しい空港に生まれ変わった。金食い虫だった空港経営が黒字化し、サービスが目に見えて向上したのである。

ヒースローの成功は、世界の空港・航空関係者に大きなインパクトを与えた。各国は先を争うかのように、空港の民営化に乗り出し、英国はさらに「航空管制」の民営化も行っている。

航空自由化の後進国だった日本でも、ようやく「オープンスカイ」への取り組みが本格化している。２０００（平成12）年には国内航空での航空自由化、２００７（平成19）年に国際航空での「オープンスカイ」の取り組みが始まり、相手国や地域を限って自由化を進めており、２０１２（平成24）年からはＬＣＣの運用も始まった。そして、２０１５（平成27）年には国管理空港の民営化も始まる。管理優先、不便でつまらない空港が、便利で、快適な空港に変わりそうだ。そんななか、官僚的体質、国に甘え切った経営によって破綻を経たＪＡＬは、今、ようやく真の民営会社に生まれ変わろうとしている。

時あたかも、航空機材も大きな変化を遂げつつある。旅客の居住性向上のために、新素材、新技術を駆使したＢ７８７やＡ３５０の登場によって、「身体への負荷が少ない」「乗客本位」の旅客機が実現したのである。

規制時代には、「エアライン本位」「空港本位」だった航空業界も、航空自由化によって、「利用者本位」に転換し、日本の航空も利用者に便利な形に生まれ変わることだろう。これで、ようやく日本も「自由化先進国」に追い付きそうだ。

「航空イノベーション」が実を結び、便利になれば利用が増え、航空は新たな発展期に入る。これからの日本の空の変化が楽しみだ。

【写真協力】
日本航空、全日本空輸、スカイマーク、北海道エアシステム、エアアジアX、バニラ・エア、ボーイングジャパン、エアバス、三菱航空機、酣燈社

杉浦一機（すぎうら　かずき）

1947年生まれ。航空アナリスト。首都大学東京客員教授。利用者サイドに立ったユニークな評論をモットーに活躍中。東京都や成田市の航空及び空港問題の委員会委員などを歴任。著書に「生まれ変わる首都圏の空港」（交通新聞社）、「間違いだらけのLCC選び」「JAL再建の行方」「みどりの窓口を支える『マルス』の謎」（草思社）、「エアライン敗戦」（中央公論新社）、「B787に懸けるANAの野望」「『100空港時代』を生き残れ」「航空運賃のカラクリ」「激動！JAL vs ANA」（中央書院）、「激安エアラインの時代」（平凡社新書）、など多数。

交通新聞社新書067

日本の空はこう変わる

加速する航空イノベーション

（定価はカバーに表示してあります）

2014年6月16日　第1刷発行

著　者――杉浦一機

発行人――江頭　誠

発行所――株式会社　交通新聞社

http://www.kotsu.co.jp/

〒102-0083　東京都千代田区麹町6-6

電話　東京（03）5216-3220（編集部）

　　　東京（03）5216-3217（販売部）

印刷・製本―大日本印刷株式会社



ISBN 978-4-330-47214-0